धराएत इति धर्मः अर्थात् जो धारण किया जाए, वही धर्म है। यह श्लोक हमारे शाश्वत सनातन धर्म के व्यापक दृष्टिकोण को प्रमाणित करता है। सच है। सनातन धर्म किसी रूढ़िवादिता या कट्टरपंथी का नाम नहीं, बल्कि यह धर्म मानव सभ्यता के उत्थान और प्राकृतिक संपदा के संरक्षण का एक माध्यम है। तुलसी का छोटा-सा पौधा हमने इसलिए पूजनीय बना दिया क्योंकि यह औषधीय गुणों से भरपूर है। सूर्य को अर्घ्य देने के पीछे भी इस अलौकिक पुंज के योगदान को नमन करना ही है। अन्नपूर्णा देवी का पूजन भी अन्न के प्रति सम्मान भाव व उसे संरक्षण प्रदान करने का उद्देश्य है। हमारे सामान्य रीति-रिवाज हों, धार्मिक अनुष्ठान हों या कोई संस्कार विधि, सबके पीछे एक तर्क है- विज्ञान का। शायद यही कारण है कि आज भी सनातन शाश्वत है, प्रासंगिक है। विज्ञान और धर्म के इसी गहन सम्बन्ध को हमने चरितार्थ किया है अपनी पुस्तक **हिन्दू मान्यताओं का वैज्ञानिक आधार** में।

इस पुस्तक की एक लाख से अधिक प्रतियां बिक चुकी हैं। अपने जीवन के अमूल्य विकास में इस पुस्तक को जरूर शामिल कीजिए।

हिन्दू मान्यताओं का वैज्ञानिक आधार

डॉ० भोजराज द्विवेदी

डायमंड बुक्स

ISBN : 81-7182-233-5

प्रकाशक : **डायमंड पॉकेट बुक्स (प्रा.) लि.**
X-30, ओखला इंडस्ट्रियल एरिया, फेज-II
नई दिल्ली-110020

फोन : 011-41611861
फैक्स : 011-41611866
ई-मेल : sales@dpb.in
वेबसाइट : www.dpb.in
संस्करण : **2022**
मुद्रक : यंग आर्ट प्रेस

HINDU MANYATAON KA VAIGYANIK AADHAR
by : Dr. Bhojraj Dwivedi

हिन्दू मान्यताओं का वैज्ञानिक आधार

सनातन हिन्दू धर्म एक विशाल वट वृक्ष है। अनादि काल से ही इसमें अनेक प्रकार की मान्यताओं का समावेश रहा है। कालक्रम से जैसे-जैसे जनसंख्या बढ़ती गई, समय में परिवर्तन हुआ। विचारों की प्रखरता एवं विद्वानों के निरंतर चिंतन से मान्यताओं व आस्थाओं में भी परिवर्तन हुआ। फलतः इस विशाल वट-वृक्ष की शाखाएं-प्रशाखाएं बढ़ती चली गईं। क्या इन मान्यताओं व आस्थाओं का कुछ वैज्ञानिक आधार भी है? यह प्रश्न बारम्बार बुद्धिजीवी पाठकों के मन को कचोटता है। धर्मग्रंथों को उद्धृत करके **'बाबावाक्य प्रमाणम्'** कहने का युग अब समाप्त हो गया है। धार्मिक मान्यताओं पर सम्यक् चिंतन करना आज के युग की अत्यंत आवश्यक पुकार हो चुकी है।

प्राचीन ऋषि-मुनियों ने मानव सभ्यता को सुसंस्कृत करने के लिए धर्म का आवरण लेकर कुछ नियम-सिद्धांत बनाए। उन पर आचरण करने हेतु मनुष्य को स्वर्ग का लोभ व नरक का भय दिखलाया। आज बीसवीं सदी के अति वैज्ञानिक (कम्प्यूटर) युग में स्वर्ग-नरक, पुण्य-पाप, धर्म-अधर्म को कोई नहीं मानता। इस समय एक सक्रांति-काल चल रहा है। अनेकानेक प्रश्न बुद्धिजीवियों के मन-मस्तिष्क में उठ रहे हैं। हिन्दू मान्यता के वैज्ञानिक आधार को स्पष्ट करने की मांग, आज के युग की आवश्यकता बन गई है। ऐसे में डायमण्ड पॉकेट बुक्स के निदेशक आदरणीय नरेन्द्र वर्मा ने एक साहसिक कदम उठाया। उनका यह प्रयास स्वर्ण अक्षरों में लिखा जाएगा। समाज में प्रचलित धार्मिक विश्वासों और कर्मकाण्ड के वैज्ञानिक पक्ष को स्पष्ट करने का कार्यभार उन्होंने मुझे सौंपा। मैंने इस नितांत दुष्कर, महत् चुनौती भरे कार्य को सहर्ष स्वीकार किया। ज्योतिष, वास्तुशास्त्र, तंत्र-मंत्र, हस्तरेखा, अंकशास्त्र पर मेरी 310 से अधिक पुस्तकें प्रकाशित हो चुकी हैं। पर यह पुस्तक उनसे हट कर है।

मुझे यह बताते हुए प्रसन्नता हो रही है कि प्रबुद्ध पाठकों ने मेरी इस कृति को विशेष सम्मान दिया। भारत के कोने-कोने से, सात समुद्र पार सुदूर विदेशों से, ढेरों प्रशंसा-पत्र आने लगे। इसी बीच इस पुस्तक के अनेक संस्करण प्रकाशित हुए। यह पुस्तक डायमंड प्रकाशन की Best selling पुस्तकों में सर्वोच्च स्थान को प्राप्त है। इस पुस्तक की बढ़ती हुई मांग व लोकप्रियता को देखते हुए इसका अंग्रेजी संस्करण Hindu Traditions & Belief (A Scientific Validity) भी प्रकाशित हुई। जिसकी बढ़ती हुई मांग विदेशों में बहुतायत है। फलतः इस पुस्तक का अन्य विदेशी भाषा खासकर फ्रेंच भाषा में प्रकाशन का प्रयास चल रहा है।

इसी बीच वैज्ञानिक मन-मस्तिष्क वाले बहुत से पाठकों के पत्र आयें, उन्होंने लिखा कि इस पुस्तक में केवल वैज्ञानिक सामग्री ही होनी चाहिए। बीच-बीच में आने वाली धार्मिक बातों एवं शास्त्रीय आधारों को निकाल कर, उस पर एक अलग से पुस्तक प्रकाशित करें। हिन्दू-संस्कृति के सभी सिद्धांत पूर्णतः वैज्ञानिक और मानव मात्र की लौकिक और पारलौकिक उन्नति करने वाले हैं। **मनुष्य मात्र का सुगमता से, शीघ्रता से कैसे कल्याण हो, इसका गंभीर चिंतन हिन्दू-संस्कृति में विस्तार से किया गया है जो अन्यत्र उपलब्ध नहीं है। इसलिए इस पुस्तक की मांग ईसाई व मुस्लिम संस्कृति प्रधान देशों में भी चल निकली। क्रांतिकारी ऋषि-मुनियों ने बड़े ही वैज्ञानिक ढंग से रोचक कहानियों-किस्सों के द्वारा हिन्दू संस्कृति सभ्यता को समझाया है। इस पुस्तक के प्रारम्भिक भाग में 'ग्रहण-चिंतन' इसका प्रत्यक्ष प्रमाण है।**

प्रबुद्ध पाठकों की लगातार जिज्ञासा, सतत अनुग्रह व आग्रह से प्रभावित होकर अब हमने इस पुस्तक में से नितान्त धार्मिक मान्यताओं को निकाल कर, अलग कर दिया है तथा 'हिन्दू मान्यताओं का धार्मिक आधार' नामक पुस्तक अलग से प्रकाशित कर दी है। जिसमें समाज में प्रचलित मान्यताओं, रूढ़ियों और परम्पराओं के शास्त्रीय आधार पर चिंतन किया गया है। भारतीय व्रतोत्सव, हिन्दू रीति-रिवाज के दर्शन इस पुस्तक में समग्र रूप में होंगे। जबकि वैज्ञानिक आधार वाली प्रस्तुत पुस्तक में धार्मिक आधारों का वैज्ञानिक पक्ष उजागर किया गया है। जिसमें कई और रोचक प्रसंगों को जोड़ा गया है।

वर्तमान समय में शिक्षा पाश्चात्य रंग से दूषित हो गई है। समाज में उच्छृंखलता बढ़ चुकी है। पंक्ति भोजन की पवित्रता 'बुफे डीनर' (गिद्ध

भोजन) में तिरोहित हो चुकी है। जन्मदिवस पर लोग जहां मंदिरों में जाकर दीपक जलाया करते थे। वहां अब घर-घर दीपक बुझाने की संस्कृति, मांस-मंदिरा-अण्डा खाने की संस्कृति पनप रही है। माता-पिता का कहना नहीं मानना, अन्तर्जातीय विवाह करना, स्वेच्छाचार करना एक फैशन हो गया है। पवित्रता किसमें है? वैज्ञानिकता किसमें हैं? जनकल्याण की भावना किसमें छिपी हुई इस रहस्य को बहुत कम लोग जानते हैं। इस पुस्तक के माध्यम से भारतीय संस्कृति के वैज्ञानिक पक्ष एवं उसमें छिपी हुई लोकल्याण की भावना को जन-जन तक पहुंचाना ही हमारा उद्देश्य है। मुझे विश्वास है कि हमेशा की तरह प्रबुद्ध पाठकों की प्रतिक्रियाएं मुझे समय-समय पर प्रोत्साहित करती रहेंगी तथा मां भगवती सरस्वती की कृपा से आपके प्रश्नों के समाधान हेतु मैं सदैव तत्पर रहूंगा।

–डॉ. भोजराज द्विवेदी

सम्पर्क सूत्र–

कार्यालय

अज्ञातदर्शन काम्पलेक्स
एस-1, प्लैट न. 302
मरुदीप अपार्टमेन्ट
130, प्रथम 'ए' रोड
सरदारपुरा, जोधपुर (राज.) भारत
दूरभाष-0291-2637359
मोबाइल-0291-3113513
अति विशेष कार्य हेतु 0291-3129105

निवास

अज्ञातदर्शन बिल्डिंग
प्रथम 'बी' रोड, गोलबिल्डिंग के पीछे
श्रीमाली स्ट्रीट, सरदारपुरा
जोधपुर (राजस्थान)
भारत पिन-342003
दूरभाष-0291-2431803
मोबाइल-0291-3129105
फोन फैक्स-0291-2431883

अनुक्रमाणिका

हिन्दू मान्यताओं का वैज्ञानिक आधार

प्र. 1 : विज्ञान किसे कहते हैं?

उत्तर : वि+ज्ञा+ल्युट् से नपुंसक लिंग में शब्द बना–विज्ञानम्।

मेदनी कोश के अनुसार प्राचीनकाल में मोक्षविद्या, धीज्ञान, शिल्प शास्त्र, व्याकरण शास्त्र विज्ञान की श्रेणी में आते हैं। पर अब विज्ञान की व्युत्पत्ति मूलक अर्थ बदल गया है।

अब विज्ञान का प्रचलित अर्थ 'साइन्स' में तिरोहित हो गया है।

प्र. 2 : विज्ञान की परिभाषा क्या है?

उत्तर : अध्ययन-अध्यापन की दृष्टि से, विषय विभाजन की दृष्टि से संसार की सम्पूर्ण ज्ञान, कला और विज्ञान इन दो भागों विभाजित है। तकनीकी ज्ञान भी विज्ञान की श्रेणी में चला जाता है।

मेडिकल साइन्स, भूविज्ञान, मौसम विज्ञान, वनस्पति विज्ञान, भौतिक विज्ञान, इत्यादि ज्ञान-विज्ञान की श्रेणी में आते हैं।

प्र. 3 : विज्ञान की आधुनिक परिभाषा क्या है?

उत्तर : विज्ञान की आधुनिक परिभाषा मूलतः तीन भागों में विभाजित है–

1. विशिष्ट ज्ञानं इति विज्ञानम्।

विशेष प्रकार का क्रमबद्ध व्यवस्थित ज्ञान, विज्ञान कहलाता है।

2. कार्यकारण संबंध ज्ञानं इति विज्ञानम्।

जिस विषय में कार्य कारण संबंधों का एकदम स्पष्ट पता चलता हो, वह विषय विज्ञान कहलाता है।

3. पुनः पुनः परीक्षित ज्ञानं इति विज्ञानम्।

बार-बार परीक्षण करने पर, जिसके परिणाम एक समान आवें, वे सभी विषय विज्ञान की श्रेणी में चले जाते हैं।

जहां ये तीनों तथ्य एक साथ घटित हो, वह विषय विज्ञान की श्रेणी में चला जाता है।

प्र. 4 : ज्योतिष विज्ञान है या कला?

उत्तर : फलित ज्योतिष शास्त्र का तकनीकी विज्ञान के रूप में सर्वत्र मान्यता प्राप्त है। सिद्धांत ज्योतिष उपरोक्त तीनों परिभाषाओं पर सही उतरता हुआ अपने आपमें पूर्ण सत्य व प्रत्यक्ष विज्ञान है। दूसरे सभी विज्ञान इसके सामने बौने सिद्ध होते हैं।

प्र. 5 : ग्रहण किसे कहते हैं?

उत्तर : किसी भी वर्ष में एक समय ऐसा आता है जब सूर्य या चंद्रमा के प्रकाशमय भाग का कोई अंश थोड़ी देर के लिए अंधकार से ढंक जाता है, ऐसी अवस्था को **ग्रहण** कहते हैं। अंग्रेजी में इसे एक्लीप्स (Eclipse) कहते हैं।

प्र. 6 : ग्रहण का प्राचीनतम उल्लेख कहां मिलता है?

उत्तर : ग्रहण का प्राचीनतम उल्लेख वेदों में मिलता है।

चार वेदों में से ऋग्वेद को प्रायः सबसे पुराना माना जाता है। सूर्य की रोशनी परावर्तित करने के कारण यास्क ऋषि ने चंद्रमा की प्रशंसा की है (निरुक्त 2.6)[1]। राहुगण ऋषि के पुत्र गौतम ऋषि ने भी इस तथ्य की पुनरावृत्ति की है (ऋग्वेद 1. 84.15)[2]। उन दिनों पूर्णिमा को रक और अमावस्या को सिनिवली कहा जाता था (सायणभाष्य और ऋग्वेद 2.33.8)। ग्रहण का कारण स्वर्भानु दैत्य माना जाता था, जो सूर्य पर अंधेरा ला देता था। जब देवतागण सूर्य को नहीं देख सके, क्योंकि यह अंधेरे से घिरा था, तो वे अत्रि ऋषि के पास गए। अत्रि ऋषि ने चार ऋक् मंत्रों का उच्चारण कर अंधेरे को दूर किया (ऋग्वेद, 5.40.5-6)[3]। इससे पहले कि ऋषि चार ऋक् मंत्रों का उच्चारण पूरा करते (इसमें कम से कम 50 सेकंड का

समय लगा होगा), उनके शिष्यों या पुत्रों ने पृथ्वी पर छाए पूर्ण अंधेरे के बारे में बताया होगा। यह अवस्था कुछ समय तक रही होगी, जो पूर्ण सूर्य ग्रहण की वास्तविक अवधि होती है। उसी सूक्त के नौवें ऋक् में कहा गया है कि सिर्फ अत्रि ऋषि के शिष्य और अनुयायी ही जानते थे कि सूर्य पर अचानक छाए अंधेरे को कैसे दूर किया जा सकता है।[4] इसका एक कारण यह हो सकता है कि सिर्फ उन लोगों को ही पूर्ण सूर्य ग्रहण की अवधि का आकलन करने की विद्या मालूम होगी।

पंचविंश ब्राह्मण में इसकी विस्तृत व्याख्या की गई है। इसमें बताया गया है कि अत्रि ऋषि चार चरणों में चार ऋक् मंत्रों द्वारा अंधेरे को दूर करते थे। पहले चरण में दूर किया गया अंधेरा लाल भेड़ बनता था (सौर वर्णमंडल); दूसरे चरण में दूर किया गया अंधेरा चांदी–जैसी भेड़ बनाता था (सूर्य का प्रभामंडल); तीसरे चरण में फिर लाल भेड़ बनती थी। अंतिम, अर्थात् चौथे चरण में सफेद भेड़ आ जाती थी (सूर्य का वास्तविक रंग)।

1. सूर्यरश्मिश्चन्द्रमा गन्धर्वः। –निरुक्त
2. अत्राह गोरमन्वत नाम त्वष्टुरपीच्यम्।
   इत्था चंद्रमसो गृहे। –ऋग्वेद, 1.84.16
3. यत् त्वा सूर्य स्वर्भानुस्तमसाविध्यदासुरः।
   अक्षेत्रविद् यथा मुग्धो भुवनान्यदीधयुः।।
   स्वर्भानोरध यदिन्द्र माया अवो दिवो वर्तमाना अवाहन्
   गूळ्हं सूर्य तमसापव्रतेन तुरीयेन ब्रह्माविन्ददत्रि।
   –ऋग्वेद, 5.40.5-6
4. यं वै सूर्य सवर्भानुस्तमसाविध्दासुरः।
   अत्रयस्ततवविन्दन् नह्यन्ये अशक्नुवन्।। –ऋग्वेद, 5.40.9

प्र. 7 : क्या महाभारत काल में ग्रहण का वर्णन मिलता है?

उत्तर : पांडवों और कौरवों के बीच लड़ाई 18 दिन चली थी। इसका जिक्र करते हुए महाभारत में कहा गया है कि युद्ध के दौरान पूर्णिमा और संभावित पूर्ण सूर्य ग्रहण (इसे कुरुक्षेत्र के मैदान से देखा जाना था) के बीच सिर्फ 13 दिनों का अंतर था।

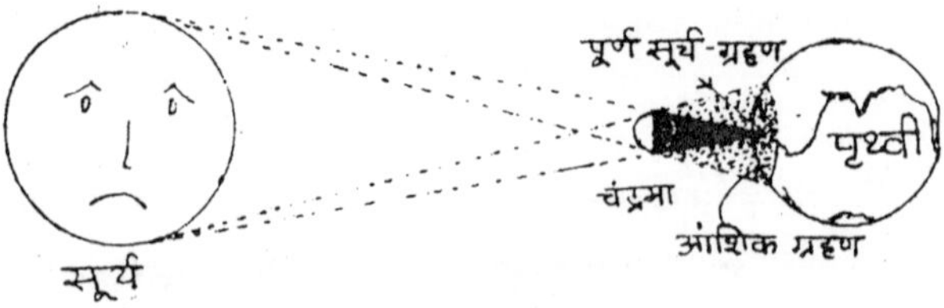

ग्रहण

हान

योद्धा अर्जुन की जान बचाने के लिए किया था। अर्जुन ने प्रतिज्ञा की थी कि सूर्यास्त होने से पहले वे अपने पुत्र अभिमन्यु के हत्यारे को मृत्युदण्ड देंगे अन्यथा गाण्डीव सहित जीवित अग्नि में प्रवेश कर जाएंगे। उस दिन असमय ही सूर्यास्त हो गया। तारे चमक उठे पाण्डवों के खेमें में उदासी छा गई। चिता सजाई गई। अर्जुन गाण्डीव सहित चिता में बैठ गया। कौरवों ने खुशियां मनाई। महाभारत काल में सूर्यास्त के बाद अस्त्र-शस्त्र चलाने का नियम नहीं था। कौरण-पाण्डव भी आपस में मिलते थे। अभिमन्यु का हत्यारा राजा जयद्रथ उन्मत्त होकर नाचने लगा और आत्मदाह की यह विचित्र दृश्य देखने निर्भीक होकर चिता स्थल पर आ पहुंचा। तुरन्त कृष्ण ने अर्जुन को आदेश दिया–''गाण्डीव उठाओं और जयद्रथ को मृत्युदण्ड दो। वो देखो सूर्य आकाश में चमक रहा है।'' सभी हैरान और परेशान अंधेरा समाप्त हो चुका था और तेजस्वी सूर्य आकाश में चमक रहा था। यह वस्तुत: पूर्ण सूर्य ग्रहण का ही दृश्य था जिसका रहस्य केवल श्रीकृष्ण ही जानते थे।

उन दिनों ग्रहणों की सटीक भविष्यवाणी की जाती थी। ग्रहण कब शुरू होगा, कब चरम पर पहुंचेगा और कब खत्म होगा, भारतीय पंचांगों में इन सबका उल्लेख है। ग्रहण के इस पूरे काल को 'पर्व काल' कहा जाता है। ग्रहण के समय हिंदुओं में जो प्रथाएं प्रचलित हैं, उनका उल्लेख मनुस्मृति, ग्रहलाघव, निर्णय सिंधु, अथर्ववेद समेत कई ग्रंथों में है।

प्र. 8 : क्या मुस्लिम लोग भी ग्रहण में विश्वास रखते हैं?

उत्तर : जिस वर्ष पैगम्बर मुहम्मद का जन्म हुआ 24 नवम्बर 569 उस वर्ष उस स्थान पर एक हजार किलोमीटर के दायरे में सूर्य ग्रहण की पूर्णता का पथ था।

22 जनवरी 632 को पैगम्बर के दूधमुंहे बच्चे की

अकस्मात् मृत्यु हो गई। उस दिन वलयाकृति सूर्य ग्रहण था। इसके बाद 2 जुलाई 632 को पुनः वलयाकृति सूर्य ग्रहण था। उस दिन मुआवैया ने अली (पैगम्बर के दामाद) के खिलाफ बगावत कर नेतृत्व अपने हाथ में ले लिया। उसने पैगम्बर के पीठासीन को मुदीना से उठाकर राजधानी दमिश्क (सीरिया) ले जाने का फैसला किया। लेकिन पीठासीन उठाने के समय वलयाकृति सूर्य ग्रहण लगने के कारण उसे वहीं छोड़ दिया गया।

मिस्र व अन्य मुस्लिम देशों में पूर्ण सूर्य ग्रहण पुराने राजवंश का अंत और नये राजवंश के उदय के रूप में देखा जाता है। पर कुरान व मुस्लिम धर्मग्रंथों में ग्रहण के विषय में सामग्री नहीं मिलती।

प्र. 9 : क्या रामायण काल में ग्रहण का वर्णन मिलता है?

उत्तर : मूल वाल्मीकि रामायण के अरण्यकांड में पूर्ण सूर्य ग्रहण का स्पष्ट विवरण दिया गया है। यह विवरण तेईसवें सर्ग के प्रथम पंद्रह श्लोकों में है। इसमें राहु को ग्रहण का कारण बताया गया है। भगवान राम और खर के बीच युद्ध का जो विवरण है, उसी में इसका उल्लेख है। यह इस प्रकार है–

सूर्य के पास गहरे रंग की एक चकत्ती नजर आई, तेजी से शाम होने लगी और अचानक रात हो गई। कुछ भी दिखाई नहीं दे रहा था, पशु-पक्षी भयभीत हो उठे और जोर-जोर से क्रंदन करने लगे। राहु ने सूर्य को पूरी तरह ग्रस लिया था; सूर्य निस्तेज प्रतीत हो रहा था। लेकिन सूर्य की काली चकत्ती के चारों ओर एक प्रभामंडल था; कुछ तारे और ग्रह दिखाई पड़ रहे थे।

प्र. 10 : सबसे पहले खग्रास सूर्य ग्रहण का वर्णन कहां मिलता है?

उत्तर : आज से चार हजार वर्ष पूर्व हुए (ईसा पूर्व 22 अक्टूबर 2137) के सूर्य ग्रहण का वर्णन **'शु चिंग'** नामक एक चीनी ग्रंथ में मिलता है।

प्र.11 : वैज्ञानिकों द्वारा किन-किन प्रमुख खग्रास सूर्य ग्रहणों पर शोध कार्य हुआ?

उत्तर : 18 अगस्त 1861 गंटूर (आ. प्र.), 28 दिसम्बर 1870, 17 मई

1882, 29 मई 1919, 11 अगस्त 1999 जोधपुर (राजस्थान)।

प्र.12 : मान लीजिए मेरे गांव या शहर में आज खग्रास (सम्पूर्ण) सूर्य ग्रहण दिखाई दिया तो आगे फिर उसी स्थान पर सम्पूर्ण सूर्य ग्रहण कब दिखाई देगा?

उत्तर : खगोलीय गणितागणित स्पष्टीकरण से पृथ्वी के जिस भाग पर सम्पूर्ण सूर्य ग्रहण दिखलाई देता है, उस स्थान पर वापस 360 वर्षों के अंतराल से खग्रास सूर्य ग्रहण की संभावना आती है।

जैसे जोधपुर में 11 अगस्त 1999 को सम्पूर्ण सूर्य ग्रहण दिखाई दिया था तो अगला सम्पूर्ण सूर्य ग्रहण 24वीं सदी में ही दिखाई दे सकता है पहले नहीं।

प्र. 13 : यह 'सारोस चक्र' क्या होता है?

उत्तर : पृथ्वी, चंद्र और सूर्य की एक ही राशि में स्थिति वापस 18 वर्षों के बाद आती है।

खगोलशास्त्रियों की भाषा में इसे 'सारोस चक्र' कहते हैं। यह चक्कर 6585.3 दिन का होता है। इसके कारण ग्रहणों की सटीक भविष्यवाणी की जा सकती है।

प्र. 14 : चंद्र ग्रहण किसे कहते हैं?

उत्तर : चंद्रमा के अंधकार में ढकने पर चंद्र ग्रहण कहलाता है। इसे 'लूनार एक्लीप्स' (Lunar-eclipse) भी कहते हैं।

प्र. 15 : सूर्य ग्रहण किसे कहते हैं?

उत्तर : सूर्य के अंधकार से ढकने पर सूर्य ग्रहण कहलाता है। इसे 'सोलर एक्लीप्स' (Solar eclipse) भी कहते हैं।

प्र. 16 : चंद्र ग्रहण कब-कब होता है?

उत्तर : चंद्र ग्रहण केवल पूर्णिमा को ही होता है। पर यह जरूरी नहीं कि सभी पूर्णिमाओं को ग्रहण हो।

प्र. 17 : पूर्ण चंद्र ग्रहण किसे कहते हैं?

उत्तर : यदि चंद्रमा का सम्पूर्ण भाग पृथ्वी की छाया में छिप जाता है, तो उसे खग्रास या पूर्ण चंद्र ग्रहण कहते हैं।

प्र. 18 : खंड ग्रहण किसे कहते हैं

उत्तर : यदि चंद्रमा का कुछ भाग ही अंधकारमय छाया से ढक पाता है

तो उसे खण्ड ग्रहण कहते हैं।

प्र. 19 : पूर्णिमा के दिन जन्मकुण्डली में सूर्य, चंद्र की स्थिति कहां होगी?

उत्तर : ऐसे जातक की जन्मकुण्डली में सूर्य, चंद्रमा की स्थिति आमने-सामने होगी।

प्र. 20 : चंद्र ग्रहण कि स्थिति कैसे बनती है?

उत्तर : पूर्णिमा के दिन पृथ्वी की स्थिति सूर्य और चंद्रमा के बीच में होती है। जिससे पृथ्वी की छाया चंद्रमा की तरफ पड़ रही होती है। यदि इस दिन चंद्रमा उस छाया में होकर गुजरता है तो उसका कुछ भाग पृथ्वी की छाया में छिप जाता है अर्थात् चंद्रमा के उस भाग पर सूर्य की रोशनी नहीं पहुंच पाती। चंद्रमा का यह प्रकाशहीन भाग हमें काला दिखाई पड़ता है। इसी को चंद्र ग्रहण कहते हैं।

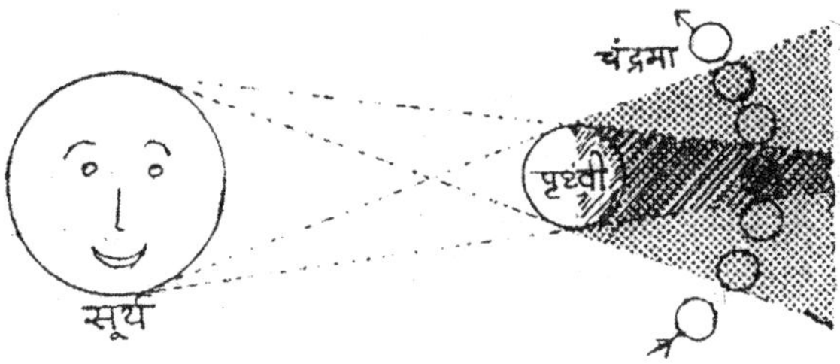

चन्द्र ग्रहण

चित्र 1–यह चित्र चंद्र ग्रहण का है। दाईं ओर सूर्य और बाईं ओर चंद्रमा। बीच में पृथ्वी है। जब चंद्रमा पृथ्वी की छाया से गुजरता है, तो ग्रहण लगता है। चंद्रमा जब इस छाया में प्रवेश करता है, तब आंशिक चंद्र ग्रहण शुरू होता है। जब यह छाया के मध्य में आ जाता है, तब पूर्ण ग्रहण होता है। सूर्य और पृथ्वी को छूने वाली स्पर्श रेखाओं की दिशा में जो किरण चलती है, वे इन दो पिंडों के अलग-अलग भागों से निकलती हैं।

यदि चंद्रमा की कक्षा और पृथ्वी की कक्षा एक ही समतल (Plane) में होगी तो प्रत्येक पूर्णिमा को चंद्र ग्रहण होगा।

प्र. 21 : ग्रहण की भाषा में 'मोक्ष' किसे कहते हैं?

उत्तर : कुछ काल बाद चंद्रमा अपनी कला पर दौड़ता हुआ पृथ्वी की छाया से बाहर पहुंच जाता है और ग्रहण शांत हो जाता है। इसे ही 'मोक्ष' कहते हैं।

प्र. 22 : चंद्र ग्रहण वष में कितनी बार संभव है?

उत्तर : चंद्र ग्रहण वर्ष में अधिक से अधिक तीन बार तथा कम से कम एक बार या नहीं भी होता है।

प्र. 23 : सूर्य ग्रहण कब-कब होता है?

उत्तर : सूर्य ग्रहण प्रति अमावस्या को हो सकता है जब चंद्रमा की कक्षा और पृथ्वी की कक्षा एक ही समतल (Plane) में होगी तो प्रति अमावस्या को सूर्य ग्रहण संभव है।

प्र. 24 : सूर्य ग्रहण वर्ष में कितनी बार संभव है?

उत्तर : अधिक से अधिक चार-पांच और कम से कम दो बार सूर्य ग्रहण होता ही है।

प्र. 25 : सूर्य ग्रहण किस अमावस्या को और कैसे बनता है?

उत्तर : जिस अमावस्या के दिन चंद्रमा की स्थिति सूर्य और पृथ्वी के बीच में समतल (Plane) में होती है। सूर्य ग्रहण बनता है।

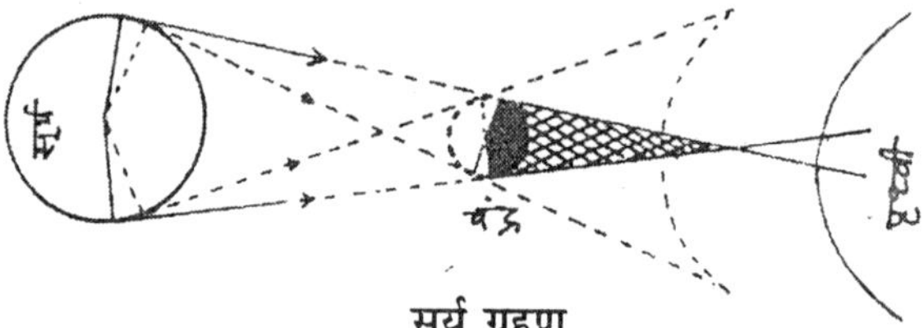

सूर्य ग्रहण

चित्र 2–यह चित्र सूर्य ग्रहण का है। इसमें सूर्य बाईं ओर, और पृथ्वी दाईं ओर है। चंद्रमा इन दोनों के बीच स्थित है। पृथ्वी की दो स्थितियां दर्शायी गई हैं–पहली बिंदु रेखा से और दूसरी काली रेखा से। चंद्रमा की उत्केंद्रता (एक्सेंट्रिसिटी) पृथ्वी की कक्षा की तुलना में करीब साढ़े तीन गुणा अधिक होती है। पृथ्वी पर चंद्रमा की प्रच्छाया या इसके शंकु के विस्तार के कारण ग्रहण लगता है। यदि पृथ्वी की स्थिति प्रच्छाया के बीच है, तो पृथ्वी के उतने हिस्से से पूर्ण सूर्य ग्रहण दिखाई देगा। यदि पृथ्वी पर प्रच्छाया के शंकु का विस्तार पहुंचता है, तो वलयाकार ग्रहण लगेगा।

प्र. 26 : पूर्ण सूर्य ग्रहण कहां होगा?

उत्तर : पृथ्वी के जो भाग चंद्रमा की प्रच्छाया में पड़ते हैं। वहां पूर्ण ग्रहण होता है। इसे सर्वग्राही सूर्य ग्रहण भी कहते हैं। सर्वग्राही

सूर्य ग्रहण एक स्थान पर कुछ मिनटों का ही होता है।

प्र. 27 : सर्वग्राही सूर्य ग्रहण अधिकतम कितने समय का होता है।

उत्तर : सर्वग्राही सूर्य ग्रहण कभी भी साढ़े सात मिनट से अधिक समय का नहीं हो सकता।

प्र. 28 : खण्ड ग्रहण अथवा आंशिक ग्रहण कैसे होता है?

उत्तर : चंद्रमा की प्रच्छाया के दोनों ओर उपच्छाया रहती है। पृथ्वी तल के जो भाग इस उपच्छाया में पड़ते हैं, उसमें आंशिक ग्रहण दिखाई पड़ता है। सूर्य कि जिस भाग में किरणें नहीं पहुंच पाती, उतना भाग कुछ धुंधला पड़ जाता है। ऐसे खण्ड ग्रहण के समय धूप की तेजी में भी कमी आती है। इसे आंशिक ग्रहण कहते हैं।

प्र. 29 : सूर्य ग्रहण की स्थिति कहां दिखलाई देगी?

उत्तर : चूंकि चंद्रमा का आकार पृथ्वी से बहुत छोटा है। यह छाया पृथ्वी के बहुत थोड़े से भाग पर ही पहुंच पाती है। जहां सूर्य की किरणें नहीं पहुंच पाएंगी, उस स्थान पर सूर्य ग्रहण दिखलाई देगा।

प्र. 30 : क्या सारी पृथ्वी पर एक साथ सूर्य ग्रहण दिखलाई देगा?

उत्तर : सारी पृथ्वी पर एक साथ सूर्य ग्रहण कभी नहीं हो सकता। जैसे-जैसे चंद्रमा अपनी कक्षा पर आगे चलता है, वैसे-वैसे उसकी छाया भी पृथ्वी तल पर आगे बढ़ती जाती है।

प्र. 31 : पूर्ण सूर्य ग्रहण की अवस्था में क्या शोध करना चाहिए?

उत्तर : पूर्ण सूर्य ग्रहण के समय जन्म लेने वाले बच्चों की आयु, स्वास्थ्य एवं आगामी तीस वर्षों के जीवन का घटनाक्रम नोट करना चाहिए। फलित ज्योतिष के संदर्भ में यह ग्रहण किस लग्न के किस भाव को प्रभावित कर रहा है। इस पर पूर्ण अनुसंधान करना चाहिए।

प्र. 32 : सूर्य और चंद्र ग्रहणों के लिए राहु और केतु किस तरह दोषी है?

उत्तर : विष्णु पुराण के प्रथम अंश के नौवें अध्याय में इसका विस्तृत वर्णन किया गया है। एक समय देवताओं और दानवों के बीच लंबे समय तक युद्ध चला। भगवान विष्णु ने दोनों पक्षों से कुछ

समय के लिए युद्ध रोकने का आग्रह किया, ताकि समुद्र-मंथन किया जा सके। दोनों पक्ष इस पर राजी हो गए। समुद्र-मंथन से जो कुछ निकला, उसे देवों और असुरों में वितरित किया जाना था। मंथन के लिए रस्सी के रूप में नागराज वासुकि को मंदरागिरी में लपेटा गया। इंद्र के नेतृत्व में देवतागण वासुकि की पूंछ और बलि के नेतृत्व में असुरगण मुंह पकड़कर मंथन करने लगे। समुद्र-मंथन में सबसे पहले घोर विष हलाहल निकला। भगवान शिव ने स्वेच्छा से हलाहल को पी लिया, लेकिन उन्होंने इसे अपने कंठ में ही रोके रखा। विष के प्रभाव से कंठ का रंग नीला हो गया। इसी कारण उन्हें नीलकंठ भी कहा जाता है। उसके बाद समुद्र से निकलने वालों में थे—कामधेनु, वारुणी, कल्पवृक्ष, अप्सराएं, चंद्रमा और लक्ष्मी। अंत में अमृत का प्याला लिए धन्वंतरि (औषधि के जन्मदाता) का आगमन हुआ। असुर अमृत के कलश लेकर भाग गए। तब भगवान विष्णु ने देवताओं के हित में मोहिनी का रूप धारण किया। असुर उसकी सुंदरता से मोहित हो गए और उसे ही अमृत बांटने का काम सौंप दिया। मोहिनी देवताओं में अमृत बांटने लगी। राहु नामक असुर ने अपनी मायाशक्ति से इस बात को जान लिया और रूप बदलकर देवताओं के साथ बैठ गया। उसने मुंह में अमृत ले लिया, लेकिन इससे पहले कि वह इसे निगल पाता, सूर्य और चंद्रमा ने इसे पहचान लिया। दोनों ने भगवान विष्णु से यह बात बताई। उन्होंने तत्काल अपने सुदर्शन चक्र से राहु का सिर धड़ से अलग कर दिया। लेकिन राहु मुंह में अमृत ले चुका था, इसलिए वह धड़-विहीन होने के बावजूद जीवित रहा। तब से उसने सूर्य और चंद्रमा को माफ नहीं किया है और अक्सर उन्हें ग्रस लेता है। इसी कारण सूर्य ग्रहण और चंद्र ग्रहण लगते हैं। धड़-विहीन होने के कारण राहु अधिक समय तक सूर्य या चंद्रमा को निगल कर नहीं रख सकता, इसलिए कुछ समय बाद वे इसकी चुंगल से बाहर निकल आते हैं। कालांतर में राहु का सिर-विहीन धड़ केतु के नाम से जाना जाने लगा।

पुराने ऋषियों ने रोचक कहानियों के माध्यम से सूर्य-चंद्र ग्रहण को समझाया। सूर्य का आकाश में जो गोल रास्ता है वही भगवान विष्णु का चक्र है, क्योंकि समय की गणना उसी से की

जाती है। उस काल चक्र को भगवान् ने चंद्रमा के इशारे पर चलाया। इसका अर्थ यह है कि यह काल चक्र जिन दो बिन्दुओं पर चंद्रमा के रास्ते से मिला, वे ही राहु और केतु हैं। जब सूर्य और चंद्रमा दोनों राहु या केतु पर हो तो सूर्य ग्रहण होता है। जब एक राहु पर और एक केतु पर हो तो चंद्र ग्रहण होता है।

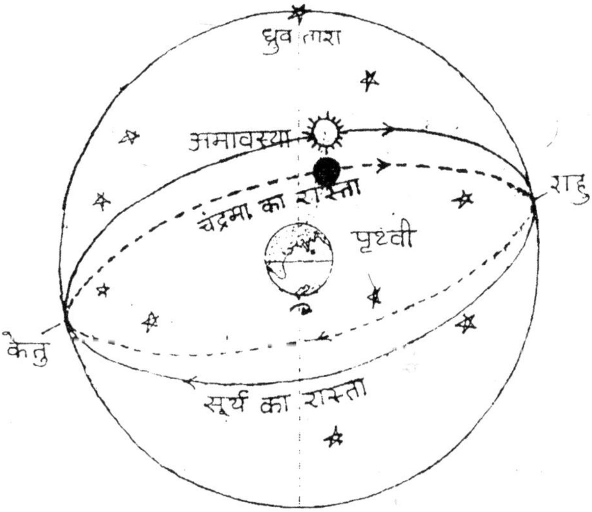

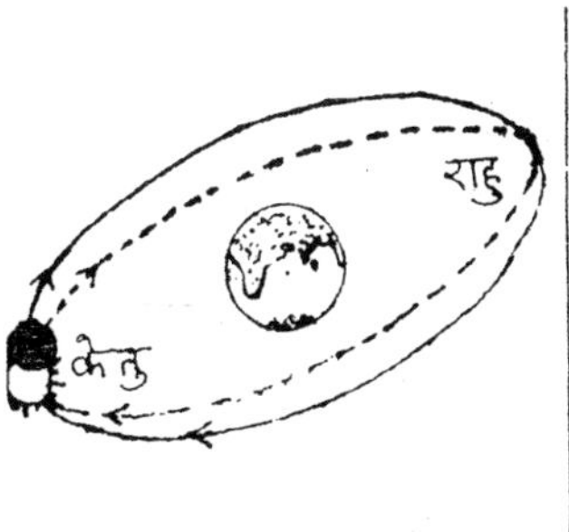

केतु पर सूर्य-ग्रहण

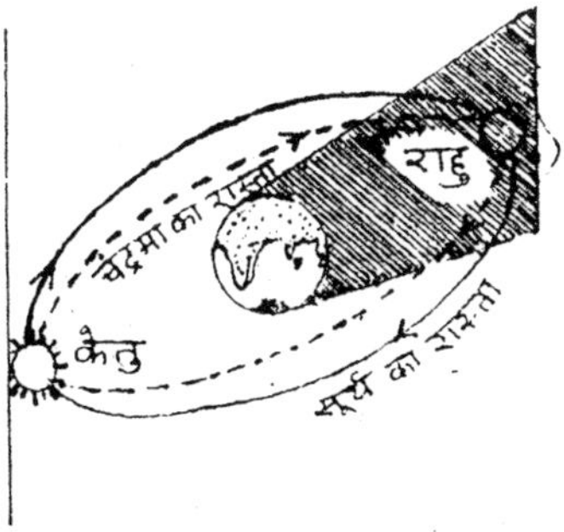

चन्द्र-ग्रहण

ईसा की तीसरी सदी के आसपास ज्योतिष में सिद्धांत युग की शुरुआत हुई। सूर्य सिद्धांत में ग्रहण संबंधी गणना की विस्तृत विधि का उल्लेख किया गया है। इसी काल में इस बात का पता

चला कि राहु और केतु चंद्र की कक्षा के क्रमशः आरोही पात और अवरोही पात है; ये पृथ्वी की कक्षा के तल का प्रतिच्छेदन करते हैं। इस प्रकार, राहु और केतु चंद्र-कक्षा और क्रांतिवृत्त के दो काल्पनिक छेदन-बिंदु मात्र रह गए।

प्र. 33 : क्या राहु केतु का वर्णन वेदों में मिलता है?

उत्तर : ऋग्वेद में राहु को 'स्वभानु' के नाम से पुकारा गया जो सूर्य व चंद्र के प्रकाश को रोकता है। ऋग, साम या यजुर्वेद के बाद अथर्ववेद (13.2, 16-28) में केतु का वर्णन विस्तार से मिलता है। साथ ही आधुनिक धूमकेतु का वर्णन भी, 'अथर्ववेद' के बहुत से मंत्रों में मिलता है।

राहु केतु का वर्णन पुराणों में ज्यादा मुखरित हुआ है। परवर्ती ज्योतिषाचार्यों ने सात ग्रहों के बाद राहु को आठवां एवं केतु को नवें ग्रह के रूप में स्वीकार कर लिया। इसका उल्लेख विंशोत्तरी व अष्टोत्तरी दोनों दशा साधन में मिलता है। अष्टोत्तरी दशा में नियमित रूप से गतिशील सात खगोलीय पिंडों के साथ राहु के लिए 12 वर्ष, विंशोत्तरी दशा में 18 वर्ष का समय नियत किया गया है।

प्र. 34 : इसके पहले राहु केतु को ग्रहों में स्थान क्यों नहीं दिया गया?

उत्तर : ज्योतिषशास्त्र का क्रमिक विकास निरन्तर साधना एवं अनवरत शोध व परीक्षणों के आधार पर हुआ है। श्रीमद्‌भागवत पुराण (अ. 8/9/24-27) में ब्रह्माजी ने इसे पहली बार ग्रह घोषित किया है–**अजो ग्रहमचीकलपत्**

राहु ग्रह मण्डलाकार होता है (महाभारत भीष्म पर्व 12/40) में यह बात स्पष्ट की गई। वही अ. 12/29 में बताया गया कि पृथ्वी की छाया भी मण्डलाकार होती है तथा राहु वहीं भ्रमण करता है। मत्स्य पुराण 29/61 में राहु केतु को छाया का अधिष्ठातृ देवता कहा गया है।

प्र. 35 : राहु केतु यदि ग्रह है तो और ग्रहों की भांति आकाश में दिखाई क्यों नहीं देते?

उत्तर : सभी ज्योषित ग्रंथों में राहु-केतु को छाया ग्रह माना गया है जो केवल पर्वकाल की अवस्था में भिन्न-भिन्न समय में ही आकाश में दिखाई देते हैं।

आचार्य वराहमिहिर ने **'राहुचाराध्याय'** एवं **'केतु चाराध्याय'** नामक स्वतंत्र अध्याय विस्तृत से लिखकर राहु केतु आकाश में कब-कब दिखाई देंगे। विश्व में किन-किन देशों में दिखाई देंगे। इसका गणितागत स्पष्टीकरण दिया है।

प्र. 36 : ग्रहण होने के कारण क्या राहु-केतु का कोई खगोलीय स्वरूप है?

उत्तर : ज्योतिष ग्रंथों के अनुसार चंद्र-ग्रहण में भूच्छाया और सूर्य ग्रहण में चंद्रमा को ढकने वाले पदार्थ को राहु-केतु मानते हैं। कुछ विद्वान लोग पृथ्वी की उत्तरी ध्रुव को राहु और दक्षिणी ध्रुव को केतु कहते हैं। ये दोनों ग्रह एक-दूसरे 6 राशि (180 डिग्री अंश) की दूरी पर रहते हैं तथा इनकी चाल सदैव 3/10/48 रहती है और ये वक्र (उलटी) गति से ही चलते हैं। आधुनिक गणना से 6798 दिन 16 घण्टा 44 मिनट और 24 सेकंड में ये ग्रह द्वादश राशि को भोगते हैं। स्थूल मान से 18 वर्ष द्वादश राशि और 18 मास एक राशि 240 दिन एक नक्षत्र और 60 दिन एक नक्षत्र-पाद पर रहते हैं।

विद्वानों के अनुसार पूर्णिमा के दिन चंद्र और राहु का अंत सात अंश से कम हो तो ग्रहण अवश्य होता है। दूसरे शब्दों में पृथ्वी की छाया जब चंद्रमा पर आ जाता है तब प्रकाशहीन हो जाता है। इसी को ''चंद्र ग्रहण'' कहते हैं। यदि चंद्रमा का पूर्ण पिण्ड पृथ्वी की छाया में आए तब पूर्ण चंद्र ग्रहण, अधूरा पिण्ड छाया में आए तो खण्ड चंद्र ग्रहण कहलाता है। जब पृथ्वी और सूर्य के बीच चंद्रमा आ जाता है तब सूर्य का कुछ काल नहीं दिखता है। यह ''सूर्य ग्रहण'' कहलाता है। सूर्य ग्रहण में सूर्य, चंद्र तथा राहु का विचार किया जाता है। राहु दक्षिण दिशा का स्वामी है तथा अत्यन्त क्रूर माना जाता है।

प्र. 37 : राहु केतु से बना कालसर्पयोग क्या होता है?

उत्तर : ज्योतिष में राहु को सूर्य कहा गया है। राहु सर्प का मुख है तो केतु उसकी पूंछ है। जब जन्मकुण्डली में सारे ग्रह राहु केतु के

बीच में कैद हो जाते हैं तो कालसर्पयोग बनता है। इस योग का फलित ज्योतिष में बड़ा महत्त्व है। इसके लिए हमारे द्वारा लिखी गई पुस्तक 'कालसर्पयोग' एवं 'घट विवाह पर शोधकार्य' पढ़ें।

प्र. 38 : हिन्दू धर्म में यह मान्यता है कि ग्रहण-काल में भोजन नहीं करना चाहिए? इसके धार्मिक एवं वैज्ञानिक आधार क्या हैं?

उत्तर : हिन्दू धर्म में ग्रहण विषय पर जितनी सूक्ष्म शोध हुई है संसार में किसी धर्म व सभ्यता में नहीं हुई।

निर्णय सिन्धु में 'ग्रहण निर्णय' के अवसर पर कहा गया है–

तत्र चन्द्र ग्रहणे यस्मिन्याये ग्रहणं तस्मात्पूर्व।

प्रहरत्रयं न भुञ्जीत्। सूर्य ग्रहे तु प्रहर चतुष्टयं न भुञ्जीत्॥"

अर्थात् सूर्य ग्रहण के समय शकवात के चार प्रहर एवं चंद्र ग्रहण के समय प्रारंभिक तीन प्रहरों में पका हुआ भोजन नहीं करना चाहिए।

देवी भागवत् 9/35 के अनुसार सूर्य ग्रहण या चन्द्र ग्रहण के समय भोजन करने वाला मनुष्य जितना अन्न का दाना खाता है। उतने वर्षो तक 'अरन्तुद' नरक में रहता है। फिर वह उदररोग से पीड़ित होकर गुल्मरोगी, काना एवं दन्तहीन हो जाता है।

वैज्ञानिक परीक्षणों से भी यह सिद्ध हो चुका है कि सूर्य चंद्र ग्रहण के समय पड़ने वाली पराबैंगनी (Ultra Violet rays) किरणों से भोजन विषैला हो जाता है। इसलिए हिन्दू लोग पके हुए भोजन पर कुशा एवं तुलसी दल औषध के रूप में रखते हैं तथा आमतौर पर उपवास रखते हैं।

प्र. 39 : यदि किसी के पूर्वजों की बरसी ग्रहण काल में आती हो तो भोजन करने की क्या व्यवस्था रहती है?

उत्तर : यदि पूर्वजों की बरसी ग्रहण काल में पड़ती है, तो उसे खास माना जाता है। उस दिन अन्य बरसी की तरह ब्राह्मणों को भोजन नहीं कराया जाता। ग्रहण श्राद्ध में साधारण या अनपका भोजन दिया जाता है। उस दिन पंडित को सोने का दान करने की भी प्रथा है। यह रस्म रात को भी पूरी की जा सकती है। वैसे, यह

प्रथा उन अनेक पारंपरिक रीतियों के विपरीत है जो दिन में ही की जाती है। इससे इस बात का भी पता चलता है कि हमारे पूर्वज इन खगोलीय घटनाओं से किस हद तक सावधान रहते थे।

प्र. 40 : ग्रहण के बाद स्नान करने का धार्मिक एवं वैज्ञानिक आधार क्या है?

उत्तर : निर्णय सिन्धु में कहा गया है–

गंगास्नानं प्रकुर्वीत ग्रहणे चंद्रसूर्ययोः

महानदीषु वा ऽन्यासु स्नानं कुर्याद्यथा विधि॥''

–हेमाद्रौ

चंद्र-सूर्य ग्रहण के बाद गंगा स्नान, पवित्र नदियों, सरोवर या समुद्र में स्नान करना चाहिए। स्नान शारीरिक शुद्धता व पवित्रता का प्रतीक है।

अनेक लोग ग्रहण काल की शुरुआत के साथ स्नान करते हैं और उसके बाद तर्पण, श्राद्ध, होम, प्रार्थना आदि करते हैं। स्नान के बाद लोग दान भी देते हैं। ग्रहण खत्म होने पर पुनः स्नान करने की प्रथा है। राहु की अपवित्र छाया के दोष से बचने के लिए ग्रहण के बाद स्नान किया जाता है। विवाहित महिलाओं के लिए केश धोना वर्जित है।

यह भी माना जाता है कि ग्रहण के समय जल पूरी तरह शुद्ध हो जाता है–बिल्कुल गंगाजल की तरह। चाहे वह जलप्रपात या झरने का पानी हो अथवा झील, नदी या समुद्र का। सभी जल पवित्र माने जाते हैं। गहरी आस्था वाले लोग स्नान करने के लिए किसी पवित्र स्थान या समुद्र तट पर जाते हैं।

प्र. 41 : ग्रहण के समय दान क्यों करना चाहिए?

उत्तर : वेदव्यास ने कहा है–

चंद्रग्रहे तथा रात्रो स्नानं दानं प्रशस्यते''

सूर्य-चंद्र ग्रहण के बाद सूतक शुद्ध हेतु सर्वस्त्र स्नान करना, स्नान के बाद दान करना सर्वत्र प्रशस्त है। समाज में निम्न व कमजोर वर्ग के लिए दान देना सभी धर्म-सम्प्रदाय में अच्छा कहा गया है। त्याग करना मानवीय सद्‌गुणों में सर्वोपरि गुण है।

ग्रहण के समय मुद्रा, कपड़े, गाय, घोड़े, जमीन और

सोने का दान दिया जाता है। ग्रहण के समय दिए जाने वाले दान को सर्वोत्तम माना जाता है। धनी लोग अपने वजन के बराबर पीतल या तांबे के बर्तन दान करते हैं। वजन के बराबर सोना और चांदी भी दान करने की परंपरा है। माना जाता है कि ग्रहण के समय यदि कोई गाय बछड़े को जन्म दे रही है, तो उसकी परिक्रमा (प्रदक्षिणा) धरती की परिक्रमा के समान होती है।

प्र. 42 : हिन्दू धर्म में सूर्य-चंद्र ग्रहण को देखने की मनाही क्यों है?

उत्तर : वैज्ञानिकों ने भी अब यह भलीभांति स्वीकार किया है कि नंगी आंखों से ग्रहण नहीं देखना चाहिए। इससे आंख का पर्दा पराबैंगनी किरणों के कारण जल जाता है। कई लोग ऐसा दुस्साहस करके अंधे हो चुके हैं। सूर्य-चंद्र ग्रहण काल की किरणों का आंख के रेटिना पर विनाशकारी असर होता है। इसलिए पाप का भय देकर हिन्दू धर्म में इसे देखने की मनाही की गई है।

जलस्थं च रवि चन्द्रं दृष्टा शोकं लभेन्नरः।

–ब्रह्मवैवर्त पुराण, श्रीकृष्ण 75/25

जल में सूर्य और चंद्र का प्रतिबिम्ब देखने से मनुष्य को शोक (दुःख) की प्राप्ति होती है। हजारों वर्ष पूर्व कही गई इस बात का आज विज्ञान भी समर्थन करता है।

प्र. 43 : क्या अस्त हुए सूर्य-चंद्रमा को देखना चाहिए?

उत्तर : शास्त्र कहते हैं–

अस्तकाले रविं चन्द्रं न पश्चेद व्याधिकारणम्।

–ब्रह्मवैवर्त पुराण श्रीकृष्ण 75/24

अस्त होते हुए सूर्य और चंद्रमा को देखने से रोगों की उत्पत्ति होती है।

प्र. 44 : उदित होते हुए सूर्य दर्शन करने का वैज्ञानिक कारण क्या है?

उत्तर : वेदों में उदित होते हुए सूर्य की किरणों का बहुत महत्त्व वर्णित किया गया है। अथर्ववेद के एक मंत्र में कहा गया है कि उदित होता हुआ सूर्य मृत्यु के सभी कारणों अर्थात् सभी रोगों को नष्ट करता है। उदित होते हुए सूर्य से अवरक्त किरणें निकलती है।

इन लाल किरणों में जीवन शक्ति होती है और रोगों को नष्ट करने की विशेष क्षमता होती है। अतः ऋग्वेद में कहा गया है कि उदित होता हुआ सूर्य हृदय की बीमारियों को तथा खून की कमी को दूर करता है। प्रातः सूर्योदय के समय पूर्वाभिमुख होकर संध्योपासना और हवन करने का यही रहस्य है कि ऐसा करने से सूर्य की आरक्त किरणें सीधे वक्षस्थल पर पड़ती हैं। और उनके प्रभाव से व्यक्ति सदा निरोग रहता है। अथर्ववेद के बाइस मंत्रों में सूर्य किरण चिकित्सा से ठीक होने वाले रोगों का विवेचन किया गया है। जिससे स्पष्ट होता है कि उदित होता हुआ सूर्य समस्त रोगों का निवारण करता है।

प्र. 45 : सूर्य चन्द्र ग्रहण किन-किन जातकों के लिए शुभाशुभ प्रभाव डालता है?

उत्तर : पृथ्वी चन्द्रोदये विष्णुधर्मपुराण में कहा गया है–

यन्नक्षत्रगतो राहुर्ग्रसते शशिभास्करों।
तज्जातानां भवेत्पीडा ये नराः शान्तिवर्जिताः।।

सूर्य चन्द्र ग्रहण जिस नक्षत्र में होता है उस दिन, उस नक्षत्र में जिस व्यक्ति का जन्म होता है। उसे रोग-व्याधि, मृत्यु पीड़ा का भय रहता है। उस ज़ातक को अशुभ से बचने के लिए शान्ति कर्म कराना चाहिए।

यह माना जाता है कि यदि ग्रहण किसी के तीसरे, छठे, ग्यारहवें या दसवें राशिघर में पड़ता है (जन्म की राशि के अनुसार), तो यह उसके लिए शुभ होगा। उसके लिए सूर्य ग्रहण शुभ होगा या चन्द्र ग्रहण, यह इस बात पर निर्भर करता है कि उसका जन्म भारत के किस भाग में हुआ था। यदि जन्म राशि के दूसरे, सातवें, नौवें या पाचवें स्थान में सूर्य ग्रहण पड़ता है, तो यह उस व्यक्ति के लिए शुभ होगा। यदि यह चौथे, आठवें या बारहवें स्थान में पड़ता है, तो उसके लिए यह नुकसानदेह होगा।

प्र. 46 : सूर्य-चंद्र ग्रहण से होने वाले अशुभ की निवृत्ति कैसे संभव है?

उत्तर : शास्त्रों में ग्रहण-शांति का पूरा विधान दिया गया है जो इस

प्रकार है। निर्णयसिन्धु के अनुसार–

यस्य राशि समासाद्य भवेद् ग्रहण सम्भवः।
स्नानं तस्य प्रवक्ष्यामि मंत्रौषधि समन्वितम्।।

जिस राशि या नक्षत्र में जन्मे जातक का ग्रहण का प्रभाव हो वह औषधियुक्त जल से मंत्र-स्नान करे।

चंद्रोपरागं संप्राप्य कृत्वा ब्राह्मणवाचनम्।
संपूज्य चतुरो विप्रान्, शुक्लमाल्यानुलेपनैः।
पूर्वयेवोपरागस्य समानीयौषधादिकम्।
स्थापयेश्चतुरः कुम्भानप्रणान्सलिलान्वितान्।।

चंद्र-सूर्य ग्रहण का उन्मीलन (मोक्ष) हो जाने पर, गायत्री मंत्र और वेदमंत्रों का पाठ करें तथा कर्मकाण्ड में चतुर ब्राह्मण का वरण कर उसे श्वेत पुष्पों का माला पहना कर उसका पूजन करें। इसके बाद पूर्वादि चारों दिशाओं में चार कुम्भ जल से भर कर स्थापित करें।

सर्वे समुद्राः सरितस्तीर्थानि जलदा नदाः
आयन्तु यजमानस्य दुरितक्षय कारकाः।।

सभी समुद्र एवं संगम स्थल व पवित्र नदियों का जल इस कुंभ में प्रवेश करें तथा मेरे यजमान का अमंगल दूर करें। इस भावना के साथ कुम्भ (कलश) में वरुण देवता का आह्वान करे।

इसके पश्चात् निम्न मंत्रों से यजमान को पंच पल्लवों से अभिषेक दें।

येऽसौ वज्रधरो देव आदित्यानां प्रभुर्भतः।
सहस्रनयनः शक्रो ग्रहपीड़ा व्यापोहतु।।1।।
मुखं यः सर्वदेवानां। सप्तार्चिरमितद्युतिः।
चन्द्रोपराग संमूता मग्निः पीड़ा व्यपोहतु।।2।।
यः कर्मसाक्षी लोकानां धर्मो महिषवाहनः।
यमश्चन्द्रोपरागोत्थां ग्रहपीड़ा व्यपोहतु।।3।।
रक्षोगणाधिपः साक्षान्नीलांजन समप्रभः।

खड्गहस्तोऽति भीमश्च ग्रहपोड़ा व्यपोहतु॥4॥

नागपाशधरो देवः सदा मकरवाहनः।

स जलाधिपतिर्देवो ग्रहपीड़ा व्यपोहतु ॥5॥

प्राणरूपो हि लोकानां, सदा कृष्णमृगप्रियः।

वायुश्चन्द्रो परागोत्थां, ग्रहपीडां व्यपोहतु॥6॥

योऽसौ निधिपतिर्देवः खड्गशूलगदाधरः।

चन्द्रोपरागकलुषं धनदोऽत्र व्यपोहतु॥7॥

योऽसा बिन्दुधरो देवः पिनाकी वृषवाहनः।

ब्रह्मविष्णवर्क रुद्राश्च दहन्तु मम पातकम्॥8॥

एव भावाहयेदेवान् मंत्रैरेमिश्च वारुणैः।

एतानेव तथा मंत्रान् स्वर्णपट्टे विलेखयेत्॥9॥

ताम्रपट्टेऽथ्वा आलिख्यं नववस्त्रे तथैव च।

मस्तके यजमानस्य निदध्यूस्ते द्विजोत्तमः॥10॥

अभिषेक देने के बाद एक से आठ मंत्रों को स्वर्णपत्र, ताम्रपत्र अथवा भोजपत्र पर लिखकर यजमान के मस्तक पर रखकर कलश में द्रव्य, पवित्र जल लेकर, नवीन वस्त्र पहने हुए यजमान के मस्तक पर रखे पट्टे पर भ्रदसूक्त के मंत्रों का पाठ करते हुए यजमान को भद्रपीठ पर बिठाकर स्नान करावें।

चांरों वेदों के, चार दिशाओं में रखे चारों कलशों के जल से स्नान करा कर वरुण सूक्त का पाठ करें। आचार्य को मंत्र लिखा पट्ट दक्षिणा सहित भेट करें। गो दान दें। तिल आदि से घर में मंगल हवन करें। अपनी शक्ति के अनुसार दान करें। सूर्य-चंद्र के यंत्रों का जाप, दशांश हवन करें। ऐसा करने पर उस जातक को ग्रहण का दोष नहीं लगता।

प्र. 47 : गोदुग्ध पवित्र क्यों मांना जाता है?

उत्तर : गो को माता कहा गया है। इसका दूध पौष्टिक व सतोगुण प्रधान है। धर्मशास्त्र में गोदुग्ध शुचि माना गया है। इसका भोग देवताओं को चढ़ता है। गोदुग्ध से बनी मिठाई, बर्फी, कलाकन्द एवं पेड़े देव-पूजा के काम आते हैं। अतः गोदुग्ध पवित्र है।

गोदुग्ध के सेवन से अनेक रोग नष्ट हो जाते हैं। गाय का

दूध संग्रहणी, शोथ आदि अनेक असाध्य रोगों की अचूक औषधि है। कुशल-स्थूलता एवं मेदा वृद्धि को दूर करने में केवल गोदुग्ध का ही प्रयोग होता है। पाश्चात्य वैज्ञानिकों ने अनेक परीक्षण के बाद गोदुग्ध में प्राप्त प्रोटीन एवं विटामिनों का विशेष विश्लेषण करके इसके तत्त्व को पहचाना है, इसलिए वे गोदुग्ध के स्थान पर अन्य पशुओं के दुग्ध का सेवन नहीं करते।

प्र. 48 : गोमूत्र पवित्र क्यों है?

उत्तर : गोमाता शुचि है। उसका मुख अपवित्र है, परंतु उसके पीठ के पीछे का हिस्सा परम पवित्र कहा गया है? इसलिए गोमूत्र व गोबर दोनों ही पवित्र है।

गोमूत्र में गंधक और पारद के तात्त्विक अंश प्रचुर मात्रा में होते हैं। यकृत और प्लीहा जैसे रोग गोमूत्र के सेवन से दूर हो जाते हैं। गोमूत्र कैंसर जैसे रोगों को ठीक कर देता है तथा संक्रामक रोगों को नष्ट कर देता है।

गोमूत्र कटु तीक्ष्णोष्णं क्षारं तिक्तकषायकम्।
लध्वाग्निप्रदीपनं मेध्यं पित्तकृच्छकफवातहृत्॥1॥
शूलगुल्मोदरानाहकण्ड्वाक्षि मुखरोगजित्।
किलासगदवातामंवस्ति रुक्कुष्ठनाशनम्॥2॥

गोमूत्रं चरपरा, तीक्ष्ण, गरम, खारा, कसैला, हल्का, अग्निप्रदीपक, मेधा को हितकारी, पित्तनाशक व कफ, वात, शूल, गुल्म, उदर, अफारा, खुजली, नेत्र-रोग, मुखरोग, किलासकोढ़, वात-संबंधी रोग, वस्तिरोग, कोढ़, खांसी, सूजन, कामला तथा पाण्डुरोग नाशक है।

गोमूत्र पिया जाए तो खुजली, किलासकोढ़, शूल, मुख-रोग, नेत्र-रोग, गुल्म (गोला) अतिसार, वात-संबंधी रोग, मूत्ररोग, खांसी, कोढ़, उदर रोग, कृमि व पाण्डुरोग नाशक है। सर्व मूत्रों में गौ मूत्र अधिक गुणवाला है। इस कारण जहां केवल मूत्र ही कहा है वहां गाय का मूत्र ही लेना चाहिए। गाय का मूत्र कसैला, कड़वा, तीक्ष्ण, कान में डालने से कर्णशूल नाशक और प्लीहा (तिल्ली), उदररोग, श्वास, खांसी सूजन, मलरोग, ग्रहबाधा, शूल, गुल्म, अफारा, कामला व पाण्डुरोग नाशक है।

प्र. 49 : पीपल की पवित्रता का वैज्ञानिक कारण क्या है?

उत्तर : वैज्ञानिक अनुसंधानों से पता चला है कि पीपल ही एकमात्र ऐसा वृक्ष है जो रात-दिन प्रचुर मात्रा में जीवनोपयोगी ऑक्सीजन का विसर्जन करता है। इसकी छाया सर्दी में उष्णता प्रदान करती है तथा गर्मी में शीतलता देती है। विष्णु को जगत् का पालक कहा है। पीपल प्राणवायु प्रदाता है अत: स्वत: ही जगत् का पालक सिद्ध है। निरंतर अनुसंधानों द्वारा यह भी सिद्ध हुआ है कि पीपल के पत्तों से संस्पृष्ट वायु के प्रवाह व ध्वनि से बीमारी के संक्रामक कीटाणु धीरे-धीरे नष्ट हो जाते हैं। वैद्यक ग्रंथों के अनुसार इसके पत्ते, फल, छाल, सभी रोग-नाशक हैं। रक्त-विकार, कफ, पित्त, दाह वमन, शोथ, अरुचि, विष-दोष, खांसी, विषम-ज्वर, हिचकी, उर:क्षत, नासारोग, विसर्प, कृमि, कुष्ठ, त्वचा, वर्ण, अग्निदग्धवर्ण, बागी आदि अनेक रोगों में इसका उपयोग होता है।

प्र. 50 : दृष्ट किसे कहते हैं?

उत्तर : संसार में जिन पदार्थों को घ्राण, रसना, चक्षु, त्वचा और श्रोत्र इन पांच ज्ञानेन्द्रियों से साक्षात्कार हो सकता है, वे सभी पदार्थों को दृष्ट कहा जाता है।

प्र. 51 : अदृष्ट किसे कहते हैं?

उत्तर : जिन तत्त्वों का पंच ज्ञानेन्द्रियों द्वारा साक्षात्कार न होकर केवल मन, बुद्धि एवं अंत:करण द्वारा ही प्रत्यक्षीकरण किया जा सकता है, उन्हें अदृष्ट कहते हैं।

प्र. 52 : दृष्ट, अदृष्ट विषयक किसी शास्त्र का दृष्टान्त दें।

उत्तर : ज्योतिष शास्त्र के गणित एवं खगोल विषयक आंकड़े दृष्ट हैं। पर उसका फलित विषयक शुभाशुभ फल अदृष्ट है। इसी प्रकार से कर्मकाण्डनुसार यज्ञ करते हुए, अग्नि को नेत्रों से देखा जा सकता है, मंत्रों को कानों से सुना जा सकता है, गंध को नासिका से सूंघा जा सकता है पर यज्ञ करने का जो पुण्यफल है वह अदृष्ट है। इसी प्रकार से श्राप या आशीर्वाद के प्रभाव को भी अदृष्ट का विषय कहा गया है।

प्र. 53 : सादि किसे कहते हैं?

उत्तर : जिसका आदि है उसे 'सादि' कहते हैं अर्थात् जो एक दिन अमुक कारण से उत्पन्न हुआ हो वे 'सादि' है। यह दृश्य संसार इसका उदाहरण है।

प्र. 54 : अनादि किसे कहते हैं।

उत्तर : जिसका आदि न हो, अर्थात् जो स्वयं मूलभूत होने के कारण अपने अन्य किसी मूल की अपेक्षा न रखता हो वह पदार्थ 'अनादि' कहलाता है। ब्रह्म इसका सर्वसम्मत उदाहरण है।

प्र. 55 : सान्त किसे कहते हैं?

उत्तर : जिन पदार्थों का अन्त निश्चित हो, वे 'सान्त' कहलाते हैं। हमारा मानव शरीर सान्त कहलाता है।

प्र. 56 : अनन्त किसे कहते हैं?

उत्तर : जिन पदार्थों का अंत न हो वे 'अनन्त' कहलाते हैं। परमात्मा अनन्त है।

प्र. 57 : प्रमाण कितने प्रकार के होते हैं?

उत्तर : प्रमाण तीन प्रकार के माने गए हैं–1. अनुमान, 2. प्रत्यक्ष, 3. प्राप्त वाक्य।

प्र. 58 : अनुमान प्रमाण किसे कहते हैं?

उत्तर : जहां-जहां धुआं है, वहां-वहां अग्नि होगी, यह अनुमान प्रमाण है। कारण को देखकर कार्य की कल्पना अनुमान प्रमाण का विषय है। इसमें वस्तु साक्षात् नहीं दिखलाई देती।

प्र. 59 : प्रत्यक्ष प्रमाण किसे कहते हैं?

उत्तर : जो वस्तु साक्षात् पंच ज्ञानेन्द्रियों के सम्पर्क का विषय है वह प्रत्यक्ष प्रमाण है। अग्नि में उष्णता है, जल में आर्द्रता है, वायु में गति है, पुष्प में गंध है, ये सभी प्रत्यक्ष प्रमाण के विषय हैं।

प्र. 60 : आप्त वाक्य (शब्द) प्रमाण किसे कहते हैं?

उत्तर : निर्लिप्त, निर्विकार ऋषियों व आप्त (स्व) जनों द्वारा जो ज्ञान हमें प्राप्त होता है, वह शब्द प्रमाण माना गया है। वेद, पुराण, इतिहास इसी श्रेणी में आते हैं।

प्र. 61 : इसमें से सबसे प्रबल (प्रमुख) प्रमाण कौन-सा है? उदाहरण देकर स्पष्ट करें?

उत्तर : हिन्दू मान्यताओं के अनुसार 'आप्त वाक्य' प्रमाण सबसे पुष्ट प्रमाण माना गया है क्योंकि अनुमान तो अनुमान है, प्रत्यक्ष भी कभी-कभी सत्य नहीं होता है, जैसे सूर्य देखने में प्रत्यक्ष हमें थाली के बराबर दीख पड़ता है, परन्तु विज्ञान और गणित के अनुसार वह हमारी पृथ्वी से बड़ा है। इसी प्रकार चंद्रमा प्रत्यक्ष तो शुभ्र, श्वेत, द्यवलित कान्ति से सम्पन्न बहुत ही सुन्दर है व मनमोहक है परन्तु जब वह सूर्य और पृथ्वी के ठीक मध्य में समानान्तर रेखा पर पड़कर सूर्य को ढंक लेता है तो उसके वास्तविक काले या भयंकर विकराल गड्ढे वाले रूप के दर्शन होते हैं, जिसे देखकर मनुष्य घबराकर अपनी प्रेयसी को चन्द्रमुखी कहना छोड़ देगा। इसी प्रकार अतिस्वच्छ समुद्र का जल अपनी गहराई के अनुपात में उत्तरोत्तर अधिकाधिक काला दीख पड़ता है, शून्य आकाश प्रत्यक्ष रूप से नीला प्रतीत होता है परन्तु ऋषियों के, आप्त जनों के वाक्यों में कभी भ्रान्ति नहीं होती। वह पूर्ण सत्य पर आधारित स्पष्ट ज्ञान होता है। उदाहरणार्थ व्यक्ति, अमुक व्यक्ति का पिता (जनक) है। यह बात न तो अनुमान प्रमाण, न ही प्रत्यक्ष प्रमाण द्वारा प्रमाणित की जा सकती है। आप्त वचन के रूप में जातक की माता के वाक्य ही इसमें अंतिम प्रमाण है।

प्र. 62 : ब्रह्म मुहूर्त में उठने से क्या लाभ है?

उत्तर :

वर्णं कीर्तिं मतिं लक्ष्मीं, स्वास्थ्यमायुश्च विंदति।
ब्रह्मे मुहूर्ते संजाग्रछियं वा पंकजं यथा।

–सा. सार. 93

अर्थात् ब्रह्ममुहूर्त में उठने से पुरुष को सौन्दर्य, लक्ष्मी, बुद्धि, स्वास्थ्य आयु आदि की प्राप्ति होती है तथा उसका शरीर कमल के सदृश सुन्दर हो जाता है।

प्र. 63 : इसका वैज्ञानिक पक्ष बतावें?

उत्तर : प्रात:काल में बहने वाले वायु के एक-एक कण में संजीवनी शक्ति का अपूर्व सम्मिश्रण रहता है। आयुर्वेद के अनुसार रात्रि में चंद्रमा द्वारा पृथ्वी पर बरसाए हुए अमृत बिन्दुओं को अपने साथ लेकर वायु बहती है।

ज्ञानतन्तु रात्रि में विश्राम के बाद नव-शक्ति युत होते हैं तथा प्रात: कालीन एकांत व सर्वथा शान्त वायुमण्डल में मस्तिष्क एकदम उर्वरक हो जाता है। यह स्थिति शारीरिक स्वास्थ्य, बुद्धि, आत्मा, मन, नेत्र-शक्ति एवं स्मरण शक्ति को बढ़ाने में विशेष रूप से सहायक है। वैज्ञानिक शोध के अनुसार प्रात:काल ब्रह्ममुहूर्त में 41 प्रतिशत ऑक्सीजन (प्राणवायु) एवं 55 प्रतिशत नाइट्रोजन तथा 4 प्रतिशत कार्बनडाईऑक्साइड (दूषित) होती है। जैसे-जैसे सूर्य उदय होता है सड़कों पर वाहन चलते हैं, पृथ्वी का गर्म वाष्प ऊपर उठता है। कार्बनडाई ऑक्साइड की मात्रा 4 से 60 प्रतिशत तक बढ़ जाती है, जो मनुष्य की दीर्घायु के लिए घातक है।

प्र. 64 : प्रात:काल कर (हाथ) दर्शन क्यों करना चाहिए?

उत्तर : प्रात:काल उठते ही भगवतस्मरण करते हुए कर अर्थात् हाथ का दर्शन का शास्त्रीय विधान है।

कराग्रे वसति लक्ष्मीः, करमध्ये सरस्वती।
करमूले तु गोविन्द, प्रभाते करदर्शनम्।।

हाथ के अग्र भाग में लक्ष्मी का निवास है, हाथ के मध्य भाग में सरस्वती रहती हैं और हाथ के मूलभाग में गोविन्द भगवान रहते हैं, इसलिए प्रात:काल हाथ का दर्शन करना चाहिए। मानव-जीवन की सफलता के लिए तीन वस्तुएं आवश्यक हैं–धन, ज्ञान और ईश्वर। ये तीनों वस्तुएं प्राप्त करना मनुष्य के हाथ में है। यही भाव कर-दर्शन में सन्निहित है।

प्र. 65 : प्रात:काल उठते ही किसके दर्शन करने चाहिए?

उत्तर : शास्त्रकारों के अनुसार प्रात: उठकर वेदपाठी विद्वान पुरुष, सौभाग्यवती स्त्री, गाय, यज्ञ-अग्नि, याज्ञिक व इष्ट देव के दर्शन करने चाहिए।

प्र. 66 : प्रात:काल किस वस्तु के दर्शन नहीं करना चाहिए?

उत्तर : प्रात:काल पापी पुरुष, दुराचारिणी स्त्री, शराब, अमंगलकारी वस्तुओं के दर्शन नहीं करने चाहिए।

प्र. 67 : इनका वैज्ञानिक आधार क्या है?

उत्तर : प्रातःकाल में दर्शनीय और अदर्शनीय पदार्थों का वर्गीकरण सर्वथा मनोविज्ञान की भावनाओं पर अवलम्बित है। मनोविज्ञान बतलाता है कि मन की निश्चल व शान्त अवस्था में जो वस्तु मन के सम्पर्क में आएगी उसका मन पर स्थाई रूप से प्रभावोत्पादक संस्कार बनता है और यह संस्कार पूरे दिन भर तक चिरस्थाई रूप से काम करता है। व्यावहारिक जीवन में कई लोग कहा करते हैं कि–'आज तो ऐसे का मुंह देखा कि रोटी भी नसीब न हुई।' यह धारणा भ्रान्त नहीं है। सैकड़ों वर्षों के लगातार अनुसंधान एवं परीक्षण से ये बातें सत्य होती रहीं, तब ही ये जनश्रुतियां लोकोक्तियों के रूप में प्रचलित हुई।

प्र. 68 : शौच-लघुशंका आदि में मौन क्यों रखना चाहिए?

उत्तर : धर्मशास्त्र के अलावा वैज्ञानिक दृष्टि से शौच-लघुशंका के समय बोलने खांसने, हांफने आदि से मल के दूषित कीटाणु शरीर में प्रविष्ठ होंगे ही, साथ ही मलाशय शोधन के प्राकृतिक काम में अड़चन भी पड़ जाएगी, जो स्वास्थ्य के लिए परम घातक है।

प्र. 69 : शौच या लघुशंका मार्ग में क्यों नहीं करना चाहिए?

उत्तर : मार्ग में शौच या लघुशंका करना केवल सभ्यता के प्रतिकूल ही नहीं अपितु धर्मशास्त्र के विरुद्ध है। मनुस्मृति में लिखा है कि मनुष्य को मार्ग में, राख के ढेर में, गोशाला, हल जोते हुए खेत में, पानी में, चिता में, पर्वत पर, पुराने निर्जन मंदिर और बॉबी में लघुशंका, शौचादि क्रिया नहीं करनी चाहिए। यह नियम नागरिक स्वास्थ्य, स्थानों की पवित्रता और जनसुरक्षा की दृष्टि से बनाए गए हैं।

प्र. 70 : शुद्धि के लिए कागज, साबुन, मिट्टी या जल क्यों ले? वैज्ञानिक विवेचन करें?

उत्तर : पाश्चात्य संस्कृति की चकाचौंध व सभ्यता में पले, ऊंची शिक्षा की डींग मारने वाले यूरोपियन लोगों का पेशाब-टट्टी करने का सलीका बिलकुल नहीं आता। शौचोपरान्त वे मात्र दो-तीन कागज के टुकड़ों द्वारा गुदा को पोछना ही आवश्यक समझते हैं यह गलत है। जल बिना मल की शुद्धि संभव नहीं। शौचोपरान्त

साबुन से हाथ धोने का फैशन भी हर जगह चल निकला है। यह भी गलत है क्योंकि साबुन में क्षार व स्निग्धता होती है। पित्त की प्रधानता के कारण मल के अंदर एक प्रकार का लेस, चिकनाई का सूक्ष्म अंश हाथ में लगा ही रह जाता है। यह अंश सूक्ष्मदर्शी यंत्र द्वारा देखा जा सकता है। । उस लेस, चिकनाई को दूर करने के लिए मिट्टी जैसी क्षार तत्त्व वाली वस्तु ही उपयोगी होती है। हम लोग दैनिक जीवन में देखते हैं कि यदि कपड़े पर तेल का दाग पड़ जाता है तो वह साबुन से नहीं उतरता शारीरिक शुद्धि में मिट्टी का उपयोग भारतीय ऋषियों की गौरवपूर्ण देन है, जो सर्वसुलभ होते हुए भी अत्यंत गुणकारी है। वानस्पतिक तत्त्वों के सम्मिश्रण से मिट्टी में रोगों को दूर करने की अद्‌भुत क्षमता होती है।

प्र. 71 : दातुन किससे करें?

उत्तर : प्रतिदिन प्रातःकाल शास्त्रोक्त वनस्पतियों में से इच्छित कामनानुसार किसी भी वनस्पति की हरी ताजी दातुन से दांतों को स्वच्छ, निर्मल व चमकदार बनाना चाहिए। इनके सेवन से सौ वर्ष की आयु तक न दांत हिलते हैं, न गिरते हैं।

प्र. 72 : दातुन कौन-सा श्रेष्ठ है, टूथपेस्ट या वनस्पति?

उत्तर : विशुद्ध हरी ताजी वनस्पति को छोड़कर कोई भी वस्तु उससे श्रेष्ठ या उसकी तुलना में खरी नहीं है। ब्रुश मैल को अपने में जज्ब करके इतना दूषित करता है कि वह दांतों के ऊपर से साफ करता हुआ उसके अंदर पायरिया के कीटाणु छोड़ देता है। हर सप्ताह ब्रुश बदलना चाहिए। टूथपेस्ट के कारण 20-25 वर्ष के युवकों को नकली दांत लगाने पड़ जाते हैं। जबकि गांवों में वनस्पतियों का दातुन करने वाले लोगों के दांत 70-80 वर्ष की आयु में भी स्वस्थ रहते हैं।

कभी वनस्पति उपलब्ध न हो तो गांव के लोग चुटकी भर नमक व दो बूंद सरसों का तेल डालकर उससे दांत साफ कर लेते हैं। इससे दांत चमक उठते हैं, उनकी जड़ें मजबूत होती हैं। यह प्रयोग सौ टूथपेस्ट या पाउडरों के मुकाबले अधिक लाभप्रद सिद्ध होता है क्योंकि नमक व तेल दोनों हमारे खाद्यान

हैं। टूथपेस्ट में क्या-क्या अशुद्ध वस्तुएं पैक में पड़ी रहती है, इसका पता प्रयोगकर्त्ता को भी नहीं रहता। फिर टूथपेस्ट जैसी अपवित्र और महंगी वस्तु का प्रयोग यूरोप व अमेरिका जैसी धनी देशों को शोभा दे सकता है, भारत को नहीं।

प्र. 73 : तेल-मर्दन क्यों करें?

उत्तर : वाग्मर-सूत्र अध्याय 2 के अनुसार प्रतिदिन तेल मालिश करनी चाहिए। इससे बुढ़ापा, थकावट एवं वातजन्य रोगों का नाश होता है। दृष्टि बढ़ती है, शरीर पुष्ट होता है। आयु बढ़ती है, नींद खूब आती है। त्वचा सुन्दर और दृढ़ होती है। सिर, कान और पांवों की तली में विशेष रूप से मालिश करनी चाहिए।

आयुर्वेदशास्त्र के अनुसार–

अभ्यंगो वातकफकृच्छम-शांति-बलं सुखम्।
निद्रावर्णमृदुत्वायुः कुरुते देहपुष्टिकृत्॥

अभ्यंग (तेलमर्दन) करने से वात, कफ और थकावट दूर होती है। सुख व बल की प्राप्ति होती है। निद्रा भली प्रकार से आती है। शरीर का अंग सुंदर हो जाता है। तेज बढ़ता है। शरीर में मला हुआ तेल सम्पूर्ण इन्द्रियों को तृप्त करता है। दृष्टि को बल देता है, सिर के त्वचा रोगों को नष्ट करता है। सिर में कोमलता आती है। आयु की वृद्धि तथा देह की पुष्टि होती है।

इस प्रकार अलग-अलग अंगों के तेलमर्दन से लाभ को विस्तृत रूप से आयुर्वेद में बताया गया है। आज विदेशों में विभिन्न प्रकार के मसाज की दुकानें हर मोड़ पर दिखाई देती है। मैंने हांगकांग, बैंकाक, सिंगापुर में देखा कि भारत में जिस प्रकार पान की दुकानें हैं उसी प्रकार वहां हर दस दुकानों के बाद मसाज की दुकानें हैं। बड़े-बड़े होटलों में मसाज की सुविधाएं विशेष तौर पर उपलब्ध रहती हैं।

प्र. 74 : तेल-मर्दन ही क्यों, घी का क्यों नहीं?

उत्तर : **घृतादष्टगुणं तेलं मर्दने न तु भक्षणे॥**

आयुर्वेद में कहा गया है–कि घी से आठ गुणा तेल में ज्यादा शक्ति होती है पर यह शक्ति मर्दन में है, भक्षण में नहीं।

प्र. 75 : कौन-सा तेल काम में लेना चाहिए?

उत्तर : मालिश में अन्य तेलों के अपेक्षा विशुद्ध सरसों का तेल ही काम में लेना चाहिए। यह सबसे अधिक लाभप्रद है।

प्र. 76 : धर्मशास्त्र के अतिरिक्त तेल-मर्दन का वैज्ञानिक आधार क्या है?

उत्तर : यूरोप में वैज्ञानिकों के लिए तेल-मर्दन नई वस्तु है। फिर भी स्वीडन के हैनरीकलिंग एवं हालैंड के चिकित्सक डॉ. मेजर ने तेल-मर्दन पर अनुसंधान किया तथा उनके शोध का निष्कर्ष यह निकला कि तेल-मर्दन त्वचा के रोम-छिद्रों को खोल देता है जो स्वास्थ्य के लिए लाभप्रद है। सिर में नियमित तेल-मर्दन किया जाए तो सिर-दर्द, बालों का गिरना, मस्तिष्क दौर्बल्य एवं कई व्याधियां स्वत: ही शांत हो जाती हैं।

प्र. 77 : जब तेल-मर्दन दैनिक जीवनचर्या का अंग है तो रवि-मंगलवार को निषेध क्यों?

उत्तर : धर्मग्रंथों में एक श्लोक मिलता है–

''तेलाभ्यङ्गे रवौ तापः सोमे शोभा कुजेमृतिः।
बुधेर्धन गुरौहानिः, शुक्रे दुःखं शनौ सुखम्॥''

अर्थात् रविवार को तेल-मर्दन से ताप, सोमवार को शारीरिक सौन्दर्य, मंगल को मृत्यु, बुध को धन प्राप्ति, गुरु को हानि, शुक्र को दु:ख एवं शनि को सुख होता है। यह शास्त्र वचन है, इसलिए अति बुद्धिवादी लोग इसे व्यर्थ का ढोंग बताकर इन वचनों की नितान्त उपेक्षा करते हैं। सत्यता तो यह है कि तेलमर्दन का वास्तविक लाभ आप तभी उठा सकते हैं जब इसका आचरण धर्मानुसार ही करें।

प्र. 78 : इस पक्ष का वैज्ञानिक स्पष्टीकरण करें?

उत्तर : चाहे यूरोप हो या हिन्दुस्तान, रविवार ही सब जगह कहा जाता है क्योंकि यह दिन सूर्य से ज्यादा प्रभावित रहता है। सूर्य गर्मी का भण्डार है, आग की ऐसी दहकती हुई भट्टी है, जिसकी गर्मी करोड़ों वर्गमील दूर रहने वाले मनुष्यों को प्रभावित किए बिना नहीं रहती। शरीर में भी जठराग्नि 'पित्त' गर्मी विद्यमान है। अधिक गर्मी से गर्मी-संबंधी रोग तुरंत हो जाते हैं। रविवार को

सम्पूर्ण दिन का वातावरण अन्य दिनों की अपेक्षा अधिक गर्म होता है जिसके प्रभाव से हमारे शरीर के भीतर के पित्त अन्य दिनों की अपेक्षा ज्यादा बढे हुए होते हैं। तेल-मर्दन से भी शरीर की गर्मी संबंधी रोग तुरंत हो जाते हैं। बिना सोचे-समझे अन्धाधुन्ध तेल रगड़ने से पित्त की गर्मी बढ़ जाएगी परिणामत: उच्च रक्त चाप, खुजली आदि पित्तजन्य रोग उत्पन्न होने की संभावना रहती है। इसी वैज्ञानिक पक्ष को शोध करने के पश्चात् ही भारतीय ऋषियों ने सूत्र दिया–"**रवौ तापः।**"

प्र. 79 : मंगलवार को मालिश करने से मृत्यु कैसे हो सकती है? इसका वैज्ञानिक आधार क्या है?

उत्तर : यह अलंकारिक भाषा है। यहां निषेध की अत्यधिक अनिवार्यता के लिए 'मृत्यु' शब्द का प्रयोग हुआ है। रवि व मंगल भारतीय ज्योतिष के अनुसार क्रूर ग्रह कहे गए हैं। यह सभी जानते हैं कि मंगल ग्रह लाल रंग का अति ऊष्ण ग्रह है। यह भूमिपुत्र है। इसका सीधा प्रभाव पृथ्वी पर रहने वाले मनुष्यों के रक्त पर पड़ता है। मंगल के दिन जब रक्त का प्रवाह हमारे शरीर में पहले से ही ऊष्णता व तीव्रता को लिए हुए होगा तो उस दिन मालिश करने से रक्त दबाव में वृद्धि होगी। वैज्ञानिक एवं डॉक्टर लोग कहते हैं कि रक्तचाप में अत्यधिक वृद्धि से अपस्मार, मिर्गी, खुजली एवं अनेक घातक रोग प्रकट होते हैं, जिससे व्यक्ति की शीघ्र मृत्यु हो जाती है।

प्र. 80 : शुक्रवार को मालिश दु:ख का कारण कैसे हो सकती है?

उत्तर : मनुष्य के शरीर में शुक्र वीर्य का स्वामी है। वीर्य मनुष्य का तेज है एवं शुक्र हमारे सौर-मण्डल का सबसे तेजस्वी ग्रह है। शुक्रवार को शुक्र का तेज हमारे वीर्य में उष्णता की वृद्धि कर, हमें संकट, कष्ट व दु:ख दे सकता है। क्योंकि वीर्य के दूषित होने से गर्भाधान में व्यवधान आएगा अत: उस दिन मालिश दु:ख का कारण बन सकती है। अत: ये भी निषेध वाक्य प्राकृतिक बाधाओं को ध्यान में रखकर ही कहे गए हैं।

प्र. 81 : क्या इन निषेध वचनों का कोई परिहार भी है?

उत्तर : हमारे ऋषियों ने तेल-मर्दन के इन निषेध वचनों के परिहार भी दिए हैं। यथा–

'रवौ पुष्पं गुरौ दूर्वा, भौमवारे च मृत्तिका।

गोमयं शुक्रवारे च, तेलाभ्यंगे न दोषभाक्॥''

अर्थात् यदि रविवार को पुष्प, गुरुवार को दूर्वा, मंगल को मिट्टी और शुक्र को जरा-सा गोमय डाल दिया जाए तो तेल-मर्दन में कोई दोष नहीं है।

प्र. 82 : उपर्युक्त पक्ष का वैज्ञानिक आधार क्या है?

उत्तर : उपर्युक्त श्लोक के सभी परिहार वचन वनस्पति ज्ञान पर आधारित होने के कारण वैज्ञानिक हैं क्योंकि ये उपर्युक्त दोषों के उपशामक है। गुलाब का पुष्प ठण्डक देने वाला होता है। इसलिए इसे ठण्डाई में डालकर पीया जाता है। इसे तेल में डालने से तेल में सुगंध के साथ-साथ उष्णता शांत करने की शक्ति आ जाती हैं। हरी दूर्वा स्मृति-शक्ति के लिए अत्यधिक उपयोगी एवं नेत्र-ज्योति प्रदान करने वाली होती है। तेल में दूर्वा संयुक्त होने से उसके गुण तेल में आ जाते हैं और वह शरीर में ज्ञानशक्ति की अभिवृद्धि करती है। मंगल भूमि-पुत्र है। मंगल ग्रह एवं हमारा शरीर दोनों ही पार्थिव वस्तुओं से निर्मित है। जरा-सी मिट्टी मिला देने से तेल की उग्र-उष्ण शक्ति निष्प्रभ हो जाती है। अत: वह रक्त के लिए मारक नहीं रहता। गोमय और गोमूत्र जैसी वीर्यशोधक औषधि कोई नहीं। तेल के साथ गोमय मिलाकर मलने से उससे वीर्य पर पड़ने वाला दुष्प्रभाव दूर हो जाता है।

प्र. 83 : तेल का वास्तविक अर्थ क्या है?

उत्तर : संस्कृत व्याकरणानुसार तिलों से निकाली हुई चिकनाई का नाम ही तेल है। आज कल सरसों, गिरी, मूंगफली, सूरजमुखी, सोयाबीन आदि सभी वस्तुओं से निकलने वाली चिकनाई को तेल कह देने की परिपाटी चल निकली है।

संस्कृत साहित्य में सरसों से निकलने वाले स्नेह (चिकनाई) को 'सार्षप' कहते हैं। कहा गया है—

सार्षपं गंधतैलं च यत्तेलं पुष्पवासितम्।

अन्यद्रव्ययुतं तेलं न दुष्यति कदाचन्॥

अर्थात् सरसों का तेल, सुगंधयुक्त तेल, फूलों से वासित

तेल और अन्य द्रव्य जिसमें मिलाया गया हो, ऐसे सब तेल सब दिन लगाए जा सकते हैं।

प्र. 84 : दैनिक स्नान क्यों करें?

उत्तर : हिन्दू सनातन धर्म में प्रतिदिन प्रात:काल में स्नान करके, पवित्र होकर, संध्या, पूजा-पाठ करने का निर्देश है। अत: कुतर्कियों का आरोप है कि दैनिक स्नान क्यों करें?

हमारे यहां प्रत्येक शुभकर्म में पवित्रता स्थापित करने हेतु स्नान करने का विशेष महत्त्व है। पर वैज्ञानिक दृष्टि से स्नान का तात्पर्य शारीरिक शुद्धि से है। हमारे शरीर में असंख्य रोमकूप हैं। दिन पर परिश्रम करने पर शरीर से पसीना निकलता है। वायु लगने से पसीने का द्रवभाग तो वाष्प बनकर उड़ जाता है, परन्तु अद्रव मैल इन रोम कूपों में जम जाता है। यदि इस मल को नित्य साफ न किया जाए तो कुछ दिनों बाद मैल की मोटी तह एकत्र होकर इन रन्ध्रों को बिलकुल बंद कर देगी। जिससे अंदर का मल और दूषित वायु बाहर न आकर अंदर-ही-अंदर सड़ जाएगी फलत: शरीर में दुर्गंध आएगी एवं भयंकर रोग होंगे। इसलिए निरोग एवं स्वस्थ रहने के लिए दैनिक स्नान जरूरी है।

प्र. 85 : बिना स्नान खाएं क्यों नहीं?

उत्तर : आज के सभ्य व शिक्षित समाज में बिस्तर पर ही चाय-बिस्कुट एवं बिना स्नान किए नाश्ता-भोजन करने की आदत-सी पड़ गई है। अत: पाश्चात्य संस्कृति में आकण्ठ डूबे लोग ही प्रश्न करते हैं कि बिना स्नान किए खा लिया तो क्या हुआ? शास्त्र कहते हैं–**'अस्नायी समलं भुक्ते'** बिना स्नान किए भोजन खाना मल खाने के तुल्य है।

प्र. 86 : इसका वैज्ञानिक कारण बताएं?

उत्तर : शरीर वैज्ञानिक कहते हैं कि जब तक स्वाभाविक क्षुधा अच्छी तरह से जागृत न हो जाए, तब तक हमें भोजन नहीं करना चाहिए। स्नान करने पर शरीर में शीतलता आती है एवं नई स्फूर्ति जागृत होती है। जिससे स्वाभाविक क्षुधा भी जागृत होती है। उस समय किए गए भोजन का रस हमारे शरीर में पुष्टिवर्धक साबित होता है।

स्नान के पूर्व यदि हम कोई वस्तु खा लें तो हमारी जठराग्नि उसे पचाने का कार्य में लग जाती है। उसके बाद स्नान करने पर, शरीर के शीतल हो जाने पर उदर की पाचन-शक्ति मंद हो जाएगी। जिसके फलस्वरूप हमारा आंत्रशोध कमजोर होगा, हमें कब्ज की शिकायत होगी, मलत्याग कठिनता से होगा एवं मनुष्य नाना प्रकार के अन्य रोगों से संत्रस्त हो उठेगा।

प्र. 87 : क्या भूख लगने पर स्नान के पूर्व कुछ खाने का विधान है?

उत्तर : **इक्षुराजपयोमूलं फलं ताम्बूलमौषधम्।**
भुक्त्वा पीत्वापि कर्तव्या स्नानदानादिकाः क्रियाः।।

अर्थात् गन्ने का रस, पानी, दूध, फल, मूल, पान और औषधि इन वस्तुओं को खा-पीकर भी स्नान-दान और ध्यान की क्रिया की जा सकती है। ये सभी वस्तुएं शीघ्र सुपाच्य हैं।

प्र. 88 : धार्मिक कृत्यों का वैज्ञानिक कारण क्या है?

उत्तर : पूजा-पाठ व धार्मिक अनुष्ठान करने से व्यक्ति के भीतर एक विशेष प्रकार के आध्यात्मिक शक्ति-पुंज का संचय होता है। यह शक्ति-संचय 'लीक' होकर पृथ्वी में न चला जाए अर्थात् अर्थ (Earth) न हो जाए इसलिए आसन इसके बीच विद्युत कुचालक का काम करता है। इसी शक्ति संचय के कारण इष्टबली व्यक्ति के चेहरे पर तेज एवं विशेष प्रकार की चमक प्रत्यक्ष देखी जाती है। यही कारण है कि भारतीय ऋषि मृग-चर्म, गोबर का चौका एवं लकड़ी का खड़ाऊं का प्रयोग किया करते थे।

प्र. 89 : हिन्दू लोग पूजा-पाठ, प्रत्येक शुभ कार्य पूर्वाभिमुख होकर क्यों करते हैं?

उत्तर : हिन्दू लोग सूर्य को प्रधान देवता के रूप में पूजते हैं। सूर्य पूर्व में उदित होता है। प्रातः में सूर्य को अर्घ्य दिया जाता है जो कि पूर्वाभिमुख होकर ही दिया जा सकता है। वेदों में भी प्रत्येक कार्य एवं संस्कारों में पूर्वाभिमुख होकर बैठने के आदेश मिलते हैं।

प्र. 90 : इसका वैज्ञानिक पक्ष स्पष्ट करें?

उत्तर : प्रसिद्ध लोकोक्ति है कि उदित होते हुए सूर्य को सारी दुनिया नमस्कार करती है क्योंकि उसमें आगे बढ़ने का, उन्नति का, ऊंचा उठने का संदेश छिपा होता है। ब्रह्ममुहूर्त से लेकर मध्याह्न तक सूर्य का आकर्षण सामने रहने से मानवपिण्ड के ज्ञानतन्तु अधिक-से-अधिक स्फूर्ति सम्पन्न रहेंगे। जिससे दैवी गुणों के विकास के कारण हमारे धार्मिक अनुष्ठान भी प्रभावशाली सिद्ध होंते हैं।

प्र. 91 : हिन्दू लोग पितृकर्म दक्षिणाभिमुख होकर क्यों करते हैं?

उत्तर : वेदादिशास्त्रों में दक्षिण दिशा में चंद्रमा के ऊपर की कक्षा में पितृलोक की स्थिति मानी जाती है। तदनुसार पितृकर्म का अनुष्ठान दक्षिण में मुख करके करना स्वाभाविक है।

प्र. 92 : श्राद्ध भोजन हेतु दोपहर के बाद का काल क्यों उत्तम माना जाता है?

उत्तर : श्राद्ध भोजन हेतु (कुतप काल) अपराह्न काल श्रेष्ठ माना जाता है क्योंकि उस समय सूर्य रश्मियां अर्वाचीन हो जाती हैं। सूर्य की किरणें निस्तेज होकर पश्चिमाभिमुख हो जाती हैं ताकि पितृगण कव्य प्राप्त कर सकें।

प्र. 93 : तिलक धारण का वैज्ञानिक रहस्य बताएं?

उत्तर : हमारे ज्ञान-तन्तुओं का विचारक केन्द्र भृकुटि और ललाट का मध्य भाग है। जब हम मस्तिष्क से अधिक काम लेते हैं तो इसी केन्द्र में वेदना का अनुभव होता है। अत: हमारे महर्षियों ने तिलक धारण का विधान किया। चंदन का महिमा सभी वैद्य-हकीम-डॉक्टर जानते हैं। मस्तिष्क के केन्द्र बिन्दु पर चंदन का तिलक ज्ञान तन्तुओं को संयमित व सक्रिय रखता है। ऐसे जातक को कभी सिर-दर्द नहीं रहता तथा उसकी मेधाशक्ति तेज होती है।

प्र. 94 : कुमकुम का तिलक क्यों?

उत्तर : कुमकुम हल्दी का ही चूर्ण होता है जो नींबू के रस में मिलाने से लाल हो जाता है। हल्दी संयोजक और त्वचा शोधन के लिए सर्वोत्तम यह पदार्थ है। आयुर्वेद में इसके अनेक गुण लिखे गए हैं। अत: कुमकुम के तिलक से त्वचा शुद्धि और मस्तिष्क स्नायुओं का संयोजन नैसर्गिक हो जाता है।

प्र. 95 : क्या यह रूढ़ि है या इसका कोई वैज्ञानिक पक्ष भी है?

उत्तर : मांग के जिस स्थान पर सिंदूर लगाया जाता है वह स्थान ब्रह्मरन्ध्र और अध्मि नामक मर्म के ठीक ऊपर का भाग है। स्त्री के शरीर में यह भाग पुरुष के अपेक्षा अधिक कोमल होता है। अत: उसकी सुरक्षा के लिए शास्त्रकारों ने सिन्दूर का विधान किया। सिन्दूर में पारा जैसी अलभ्य धातु बहुत मात्रा में होती है। यह स्त्री शरीरस्थ वैद्युतिक उत्तेजना को ही नियंत्रित नहीं रखती अपितु मर्मस्थान को बाह्य दुष्प्रभाव से बचाती है।

प्र. 96 : शिखा रखने का वैज्ञानिक आधार बताएं?

उत्तर : शिखा स्थल पर ब्रह्मरन्ध्र (दशम द्वार) होता है। यह मर्मस्थल जरा-सा उपद्रुत होने से मनुष्य की तत्काल मृत्यु हो जाती है। इस दशम द्वार की सुरक्षा हेतु वैदिक विज्ञान के अनुसार गोखुराकार शिखा रखने के निर्देश मिलते हैं। धर्मानुष्ठान में उपार्जित आध्यात्मिक शक्ति का विनाश न हो, एतदर्थ द्वार बंद करने की भांति गांठ लगानी आवश्यक है। शिखा एक प्रकार से परमात्मा के सम्पर्क स्थापित करने में 'ऐन्टेना' का काम करती है। विद्युत शास्त्र का अटल सिद्धांत है कि नुकीले पदार्थ विद्युत शक्ति का भेदन करते हैं। अत: गांठ लगाना विद्युत सिद्धांत पर आधारित प्रक्रिया है।

प्र. 97 : कुश का आसन क्यों?

उत्तर : धर्मशास्त्रों में लिखा है-

नास्य केशान् प्रवपन्ति,
नोरसि ताडमाध्नते।

कुश धारण करने से सिर के बाल नहीं गिरते, छाती में आघात नहीं होता अर्थात् अचानक 'हॉट अटैक' नहीं होता। यह दूषित वातावरण को शुद्ध करता है।

कुश (दर्भ) नान कन्डक्टर पदार्थ है। यह विद्युत संक्रमण में बाधक है। पार्थिक विद्युत प्रवाह पांवों के मार्ग में मानवपिण्ड में संचित आध्यात्मिक शक्ति को खींचकर विनष्ट कर देता है। उसकी रोकथाम के लिए पांवों के नीचे आसन बिछाना इसका वैज्ञानिक आधार है।

प्र. 98 : धार्मिक अनुष्ठानों में कुश निर्मित अंगूठी (पवित्री) हाथों में क्यों पहनते हैं?

उत्तर : कुश-धारण का मुख्य प्रभाव वेद ने आयुष्य-वृद्धि एवं दूषित वातावरण को विनष्ट करना बतलाया है। अत: इसे धार्मिक कार्यों में जल व अन्य पदार्थों के पवित्रीकरण पहना जाता हैं।

प्र. 99 : कुश को हाथ में धारण करने का वैज्ञानिक पक्ष स्पष्ट करें?

उत्तर : जप, पूजा-पाठ अनुष्ठान के समय प्राप्त संचित शक्ति की रक्षा आसन एवं पांव में खडाऊं पहनकर ही की जाती है। अत: यदि हाथों द्वारा शरीर में प्रविष्ट होने वाले 'ईश्वर' से आत्म-रक्षा न की जाए, तो इसका मस्तिष्क व हृदय पर बुरा प्रभाव पड़ता है। हाथ द्वारा शक्ति-पुंज 'अर्थ' न हो जाए इसलिए हाथ में भी कुश मुद्रिका धारण करने का विधान रखा गया है। अगर गलती से हाथ जमीन पर पड़ भी जाए तो पृथ्वी के 'कुश' का ही स्पर्श होगा, हाथ का नहीं।

प्र. 100 : प्राणायाम से इच्छा मृत्यु कैसे संभव है?

उत्तर : प्राणायाम के द्वारा मनुष्य मन पर नियंत्रण करके 'प्राणवायु' को पकड़ता और छोड़ता है और जब भी चाहे अपने प्राणों का कपाल स्थिति 'ब्रह्मरंध' में चढ़ाकर इच्छा मृत्यु को प्राप्त कर सकता है।

प्र. 101 : प्राणायाम के मुख्य अंग क्या हैं?

उत्तर : प्राणायाम तीन विधियों से सम्पन्न होता है—पूरक, कुम्भक और रेचक।

प्र. 102 : पूरक क्या है?

उत्तर : पूरक का अर्थ है श्वास का आकर्षक। प्राणायाम के द्वारा गायत्रीमंत्र को बोलते हुए बहुत-सी विशुद्ध वायु को बाहर से खींचकर फेफड़ों में फेंका जाता है।

प्र. 103 : कुम्भक क्या है?

उत्तर : श्वास वायु के धारण को कुम्भक कहते हैं। कुम्भक विधि में वायु को कुछ क्षण के लिए रोका जाता है। ताकि फेफड़ों की

सम्पूर्ण ग्रंथियों में यह वायु प्रवेश कर जाती है। यह काल भी एक गायत्री मंत्र पढ़ने जितना ही होता है। इससे फेफड़े बलवान एवं सीना चौड़ा होता है तथा हृदय में नए रक्त का संचार होता है।

प्र. 104 : रेचक क्या है?

उत्तर : रेचक का तात्पर्य है रुकी हुई वायु का निःसरण। रेचक विधि से फेफड़ों में रुकी हुई वायु को धीरे-धीरे गायत्री मंत्र पढ़ते हुए बाहर छोड़ते हैं। इससे कार्बनडाईऑक्साइड, मलीय अंश और अशुद्ध वायु बाहर आ जाती है। फेफड़ों को विश्राम मिलता है व तरोताजा हो जाते हैं। इस प्रक्रिया में व्यक्ति की मानसिक शक्ति बढ़ती है। उसकी प्रसुप्त शक्तियां जागृत हो उठती हैं। व्यक्ति में विशेष ओज व तेज हिलोरें लेने लगता है।

प्राणायाम से सभी प्रकार की चिंता-कष्ट-निराशा मिट जाती है पर प्राणायाम प्रक्रिया सद्गुरु के सान्निध्य में ही सीखकर करनी चाहिए।

प्र. 105 : प्राणायाम कुल कितने प्रकार के होते हैं?

उत्तर : प्राणायाम कुल आठ प्रकार के होते हैं।

प्र. 106 : उनके नाम बतावें?

उत्तर : 1. सहित, 2. सूर्यभेदी, 3. उज्जायी, 4. शीतली, 5. भस्त्रिका, 6. भ्रामरी, 7. मूर्च्छा, 8. केवली।

प्र. 107 : आचमन करने का वैज्ञानिक आधार क्या है?

उत्तर : कण्ठशोधन करने के लिए आचमन किया जाता है। आचमनी करने से कफ के निःस्त्रित हो जाने के कारण श्वास-प्रश्वास क्रिया में और मंत्रादि के शुद्ध उच्चारण में भी अपेक्षित सहकार्य प्राप्त होता है।

प्र. 108 : आचमन तीन बार क्यों किया जाता है?

उत्तर : तीन बार आचमन करने की क्रिया धर्मग्रंथों द्वारा निर्दिष्ट है। तीन बार आचमन करने से कामिक, मानसिक और वाचिक त्रिविध पापों की निवृत्ति होकर व्यक्ति को अदृष्ट फल की प्राप्ति होती है।

प्र. 109 : सूर्य को अर्घ्य क्यों?

उत्तर : साधारण मान्यता है कि सूर्य को अर्घ्य देने से पाप नाश हो जाते हैं। स्कन्द पुराण में लिखा है–सूर्य को अर्घ्य दिए बिना भोजन करना पाप के समान है।

वेद घोषणा करते हैं–

अथ सन्ध्याया यदपः प्रयुक्ते ता विप्रुषो वज्रीयुत्वा असुरान पाध्नन्ति।

षड्विंश 4/5

अर्थात् संध्या में जो जल का प्रयोग किया जाता है, वे जलकण वज्र बनकर असुरों का नाश करते हैं। सूर्य किरण द्वारा असुरों का नाश एक अलंकारिक भाषा है। मानव जाति के लिए ये असुर हैं–टाइफाइट, राजयक्ष्मा, निमोनिया जिसका विनाश सूर्य किरणों की दिव्य सामर्थ्य से होता है। एन्थ्रेक्स के स्पार जो कई वर्षों के शुष्कीकरण से नहीं मरते, सूर्य प्रकाश से डेढ़ घंटे में मर जाते हैं। इसी प्रकार हैजा, निमोनिया, चेचक, तपेदिक, फिरंग रोग आदि के घातक कीटाणु, गरम जल में खूब उबालने पर भी नष्ट नहीं होते। पर प्रात:कालीन सूर्य की जल में प्रतिफलित हुई अल्ट्रावायलेट किरणों से शीघ्र नष्ट हो जाते हैं।

सूर्यार्घ्य में साधक, जलपूरित अंजलि लेकर सूर्याभिमुख खड़ा होकर जब जल को भूमि पर गिराता है तो नवोदित सूर्य की सीधी पड़ती हुई किरणों से अनुबिद्ध वह जलराशि, मस्तक से लेकर पांव पर्यन्त तक साधक के शरीर में प्रवाहित कर देती हैं। इसलिए वेदशास्त्रानुसार प्रातः पूर्वाभिमुख, उगते हुए सूर्य के सामने और सायं पश्चिमाभिमुख छुपते हुए सूर्य के सामने खड़े होकर सूर्यार्घ्य देने का विधान है।

सूर्य को जल देना नेत्र-तेज वर्धक–प्रात:काल की बेला में सूर्य के प्रतिबिम्ब को तालाबों तथा नदियों में देखना पश्चिमी देशों में लाभप्रद माना गया है। वहां के वैज्ञानिक कहते हैं कि ऐसा करने से नेत्रों में मोतियाबिंद आदि अनेक रोगों से बचाया जा सकता है। भारतीय ग्रंथों में इसके लिए सूर्य को जल देने का विधान आदिकाल से चला आ रहा है। इसका क्रम इस

प्रकार है–सूर्योदय के थोड़े ही समय बाद लोटे को जल से भरकर सूर्य की ओर मुख करके खड़े हो जाएं। लोटे की स्थिति छांती के बीच में रहनी चाहिए। अब धीरे-धीरे जल की धारा छोड़ना प्रारम्भ करें। लोटे के उभरे किनारे पर दृष्टिपात करने से आप सूर्य के प्रतिबिम्ब को बिन्दुरूप में देखेंगे। उस बिन्दु रूप प्रतिबिम्ब में ध्यानपूर्वक देखने से आपके सप्तवर्ण वलय (न्यूटन रिंग) देखने को मिलेंगे।

लोटे के किनारा उत्तल होने से सूर्य को लोटे से जल देना उचित माना गया है। जल देने के पात्र का किनारा अवतल होने पर सूर्य वृहत् रूप में दिखाई देगा, ऐसी अवस्था में हमारे नेत्र सौर किरणों को सहन नहीं कर पाएंगे। लोटा एल्यूमीनियम, चांदी आदि चमकदार धातु का न होकर तांबे, पीतल आदि का होने से उत्तम रहता है, उसके उत्तल किनारे पर सप्तवर्ण वलय अधिक स्वच्छ दिखाई देंगे। इस प्रकार तेज वर्धक तथा नेत्रों को लाभान्वित करने वाली शीतल सौम्य रश्मियों को सेवन करने का महर्षियों ने यह एक सरल क्रम प्रदान किया है।

किरण पद्धति (क्रोमोपैथी)–रोग उपचार की अनेक पद्धतियों में से किरण पद्धति का भी एक विधान है। विशेषज्ञ सात वर्ण की बोतलों में जल इत्यादि भर कर कुछ समय के लिए उन्हें सूर्य के प्रकाश में रख छोड़ता है और नाना प्रकार के रोगियों को अपनी पद्धति के अनुसार उन शीशियों का जल प्रयोग करने के लिए देता है। इस प्रकार किरण-पद्धति शक्ति-तत्त्वों से लाभ प्राप्त करने का एक वैज्ञानिक विधान है।

प्र. 110 : सूर्योपस्थान क्यों?

उत्तर : सूर्योपस्थान में सूर्यस्नान चिकित्सा विधि की तरह, तीनों समय सूर्य की ओर लम्बे हाथ फैलाकर साधक अंगुलियों के अग्रभाग में विद्युत-चुम्बक स्विचों की भांति प्रकृति देवी द्वारा निहित नखों के माध्यम से सप्तमविध रंगों से परिपूरित सौर प्रवाह को अपने शरीर में धारण करता है।

प्र. 111 : माला क्या है?

उत्तर : माला एक पवित्र वस्तु है जो 'शुचि संज्ञक' वस्तुओं से बनाई

जाती है। इसमें 108 मनके होते हैं जिससे साधक को अनुष्ठान संबंधी जप-मंत्र की संख्या का ध्यान रहता है। अंगिरा स्मृति में कहा गया है–

"असंख्या तु यज्जप्तं, तत्सर्वं निष्फलं भवेत्।"

अर्थात् बिना माला के संख्याहीन जप जो होते हैं, वे सब निष्फल होते हैं। विविध प्रकार की मालाओं से विविध प्रकार के लाभ होते हैं।

प्र. 112 : माला का वैज्ञानिक पक्ष क्या है?

उत्तर : अंगुष्ठ और अंगुली के संघर्ष से एक विलक्षण विद्युत उत्पन्न होगी, जो धमनी के तार द्वारा सीधी हृदय-चक्र को प्रभावित करेगी, इधर-उधर डोलता हुआ मन इससे निश्चल हो जाएगा।

प्र. 113 : माला जप मध्यम अंगुली से क्यों?

उत्तर : मध्यम अंगुली की धमनी का हृत्प्रदेश से सीधा संबंध होता है। हृदयस्थल में ही आत्मा का निवास है। आत्मा का माला से सीधा संबंध जोड़ने के लिए माला का मनका मध्यमा अंगुली की सहायता से फिराया जाता है।

प्र. 114 : माला में 108 दाने क्यों?

उत्तर : माला का क्रम नक्षत्रों की संख्या के हिसाब से रखा गया है। भारतीय ऋषियों ने कुल 27 नक्षत्रों की खोज की। प्रत्येक नक्षत्र के चार चरण होते हैं। 27 × 4 = 108। अत: कुल मिलाकर 108 की संख्या तय की गई है। यह संख्या परम पवित्र मानी गई। तत्पश्चात् हिन्दूधर्म के धर्माचार्यों, जगद्गुरुओं के आगे भी 'श्री 108' की संख्याएं सम्मान में लगाई जाने लगीं।

प्र. 115 : इसके पीछे वैज्ञानिक रहस्य क्या है?

उत्तर : भारतीय संस्कृति में भोजन करना मात्र पेट भरने का कार्य नहीं। जब भी भूख लगे जैसा भी भोजन मिले, बिना नियम के खा लेना पशुओं का कार्य है। हमारे यहां भोजन करना भी ईश्वर उपासना के तुल्य पवित्र कार्य है। ईश्वर को जूठी वस्तु या अपवित्र वस्तु का भोग नहीं लगता। भोजन क्या, हमारे यहां अन्न

व जल की उपयोगिता भी परखी जाती है। कहा भी गया है–

जैसा खाऐ अन्न, वैसा होवे मन।

जैसा पीओ पाणी, वैसी होवे वाणी।

आयुर्वेद के अनुसार–दीर्घजीवी होने के लिए भोजन करने के लिए कुछ नियम है। आध्यात्मिक दृष्टि से सतोगुणी बनने के लिए सात्त्विक भोजन करना चाहिए। तभी हमारे अणु-परमाणु में ईश्वरीय सत्ता का निवास हो सकता है। सदैव याद रखें–पवित्रता में ही ईश्वर का निवास है।

प्र. 116 : जूते पहनकर भोजन क्यों नहीं करें?

उत्तर : चमड़ा वैसे भी दुर्गन्धपूर्ण परमाणुओं से बनी एक अपवित्र वस्तु है। जूतों के तलों में नाना प्रकार की गंदगी, कीचड़, मल और दुर्गन्धपूर्ण वस्तुएं लगी होती हैं। भारतीय संस्कृति में भोजन करना एक पवित्र कार्य है। भोजन एक ईश्वरीय उपासना तुल्य शुचि कार्य होने से उनमें जूतों का संसर्ग धार्मिक एवं वैज्ञानिक दोनों ही दृष्टि से निन्दनीय है।

प्र. 117 : भोजन करके चलना क्यों चाहिए?

उत्तर : शास्त्रों में लिखा गया है–**'भोजनान्ते शतपदं गच्छेत्'** भोजन खाकर कम-से-कम सौ कदम चलना चाहिए। इस पर कुछ कुतर्कियों ने उपयुक्त शंका उठाई आयुर्वेद एवं आज के डॉक्टर भी यही कहता है कि भोजन करके बैठे रहने से शरीर स्थूल हो जाता है और पेट बढ़ जाता है। भोजन करके तत्काल सो जाने से अनेक रोग उत्पन्न होते है, भोजन करके दौड़ने से मौत का खतरा है अत: भोजन के बाद जरा-सी चहल-कदमी स्वास्थ्यवर्धन करती है।

प्र. 118 : सोते समय दक्षिण दिशा में पांव क्यों नहीं?

उत्तर : "दक्षिण दिशा की ओर पांव करके नहीं सोना चाहिए।" इस बात को गांवों में बसी अनपढ़ महिलाएं भी जानती हैं। हिन्दूधर्म का कोई भी सिद्धांत-नियम किंवदन्तियों पर आधारित न होकर वैज्ञानिक आधार पर बना है। उपर्युक्त धारणा भी इसी बात की पुष्टि करती है।

सौर जगत् ध्रुव के आकर्षण पर अवलम्बित है, ध्रुव उत्तरदिशा में स्थित है। यदि कोई व्यक्ति दक्षिण दिशा को पांव और ध्रुव की ओर मस्तक करके सोएगा तो ध्रुवाकर्षण के तारतम्य से पेट में पड़ा भोजन पचने पर जिसका अनुपयोगी अंश मल के रूप में नीचे की ओर जाना आवश्यक है, वह ऊपर की ओर गतिशील हो जाएगा। इससे हृदय व मस्तिष्क पर बुरा प्रभाव पड़ेगा। इसके विपरीत यदि हम उत्तरदिशा की ओर पांव करके सोएंगे तो चुम्बकीय सिद्धांत के अनुसार भोजन परिपाक ठीक होगा। नींद बढ़िया आएगी, निद्रा के बाद आप अपने-आपको ज्यादा स्वस्थ अनुभव करेंगे क्योंकि ध्रुव आकर्षण सिद्धांत के अनुसार दक्षिण से उत्तर दिशा की ओर चल रहा विद्युत प्रवाह, हमारे मस्तिष्क से प्रविष्ट होकर पांवों के रास्ते से निकलेगा। फलत: व्यक्ति की आयु बढ़ेगी। जबकि दक्षिण की ओर, जिसे हिन्दू शास्त्रों में यम (मृत्यु) का स्थान कहा गया है, पांव करके सोने से आयु घटती है।

प्र. 119 : आह्वान करने से ग्रह कैसे आ सकते हैं?

उत्तर : सूर्यादि हमारी पृथ्वी से लाखों-योजन दूर हैं और लाखों गुणा बड़े हैं, फिर ये डेढ़ हाथ लम्बे-चौड़े बने यज्ञकुण्ड पर इतनी दूर से कैसे आ सकते हैं, कई अति बुद्धिवादी लोग इस प्रकार की शंका करते हैं।

फोटोग्राफी कैमरे के एक इंच छोटे शीशे में दिल्ली का लाल-किला, पूरी कुतुबमीनार और लाखों का जनसमूह कैसे आ जाता है? कभी आपने विचार किया कि आंखों के लघुतम काले तिल से सूर्य-चांद, पूरा आकाश नक्षत्रावली कैसे समा जाते हैं। वैसे ही यज्ञमण्डप के छोटे-से कुण्ड में ग्रह व नक्षत्र भी आ सकते हैं।

प्र. 120 : ग्रहों को बुलाने का वैज्ञानिक पक्ष स्पष्ट करें?

उत्तर : समस्त कर्मकाण्ड 'भावनावाद' के सिद्धांत पर आधारित है। वेदमंत्रों के उच्चारण से शब्दों की ध्वनि तरंगें ईथर किरणों के माध्यम से सीधे उस ग्रह को आन्दोलित करती हैं जिसको उद्दिष्ट करके मंत्र पढ़े गए। सर्वव्यापक परमात्मा के प्रबन्धानुसार उस ग्रह का चेतनातत्त्व वहां पहुंच कर अपना कार्य कर जाता है

क्योंकि सूक्ष्म रूप से ग्रह अंश वहां उपस्थित मानव-पिण्ड में पहले से ही विद्यमान है। यंत्रों के आकर्षण-घर्षण से यह तत्त्व वहां प्रकट हो जाता है।

प्र. 121: क्या इस तर्क का कोई दृष्टान्त दे सकते हैं?

उत्तर : हां, एक छोटा-सा दृष्टान्त माचिस का ही ले सकते हैं। माचिस की तीली में पहले से अग्नि सूक्ष्म (अदृष्ट) रूप में विद्यमान रहती है। केवल घर्षण करने से तत्काल अग्नि प्रकट हो जाती है। वैसे ही मंत्रों के आकर्षण-घर्षण से बिना किसी लोशन-लेप के विशुद्ध रूप से अग्नि प्रकट होती है। 'अग्नि-मंथन' प्रक्रिया में लाखों लोग ऐसा प्रत्यक्ष देखते हैं। ऐसे ही ग्रहों के चेतन तत्त्व को भी जागृत किया जाता है।

प्र. 122: क्या ब्राह्मण (पण्डित) लोग ग्रहों के एजेन्ट हैं?

उत्तर : कई जगह यह कहा गया है कि अमुक ग्रह का अमुक दान-जप करने से ग्रह शांत (ठीक) हो जाएंगे। यह भी देखा गया कि यह दान केवल ब्राह्मण व विद्वान पण्डित को दिया जाता है तो क्या ब्राह्मण (पंडित) लोग ग्रहों के एजेन्ट या कोई दलाल हैं जिससे उनका पॉकेट भरने से हमारा काम हो जाएगा? ऐसा प्रश्न कई बार शंकालु लोग उठाते हैं।

हिन्दू सनातन धर्म की मान्यतानुसार कोई भी घटना अचानक घटित नहीं होती। पूर्वजन्मकृत पाप व पुण्य के परिणाम स्वरूप दु:ख, रोग एवं व्याधि स्वयंमेव ही प्रकट होते हैं। आयुर्वेद का प्रसिद्ध ग्रंथ माधवनिदान कहता है–

पूर्वजन्म कृतं पापं, व्याधिरूपेण बाधते।
तच्छान्तिराषधैः जप-होम-सुरार्चनैः॥

पूर्वजन्म के पाप ही कर्मज रोग एवं व्याधि बनकर मनुष्य को कष्ट देते हैं और उनकी शांति औषधि, दान, जप, हवन एवं देवपूजन से ही होती है। यह बात भारत ही नहीं समस्त विश्व मानता है कि दवा के बाद दुआ, आशीर्वाद, खैरात एवं ईश-वंदना से अनेक प्रकार के कष्ट-रोग-व्याधि चमत्कारी रूप से ठीक हो जाते हैं।

प्र. 123: यज्ञ की अग्नि में तिल-जौ इत्यादि खाद्य पदार्थ क्यों?

उत्तर : आज के प्रत्यक्षवादी युग के व्यक्ति हवन में घी-तिल-जौ आदि की आहुतियों को अग्नि में व्यर्थ फूंक देने की जंगली प्रथा ही समझते हैं। प्रत्यक्षवादियों की धारणा वैसी भी भ्रमपूर्ण है जैसा कि किसान को कीमती अन्न खेत की मिट्टी में डालते हुए देखकर किसी कृषि विज्ञान से अपरिचित व्यक्ति की हो सकती है। प्रत्यक्षवादी को किसान की चेष्टा भले ही मूर्खता पूर्ण लगती हो पर बुद्धिमान कृषक को विश्वास है, कि खेत की मिट्टी में विधिपूर्वक मिलाया हुआ उसका प्रत्येक अन्नकण शतसहस्त्र गुणित होकर उसे पुन: प्राप्त होगा।

यही बात यज्ञ के संबंध में समझनी चाहिए। जिस प्रकार मिट्टी में मिला अन्न-कण शत सहस्त्र गुणित हो जाता है, उसी प्रकार अग्नि से मिला पदार्थ लक्ष-गुणित हो जाता है। किसान का यज्ञ पार्थिव और हमारा यज्ञ तैजस्। कृषि दोनों है एक आधिभौतिक तो दूसरी आधिदैविक। एक का फल है—स्वल्पकालीन अनाजों के ढेर से तृप्ति तो दूसरे का फल देवताओं के प्रसाद के अनन्तकालीन तृप्ति।

प्र. 124 : यज्ञ का वैज्ञानिक पक्ष स्पष्ट करें?

उत्तर : यज्ञ में 'द्रव्य' को विधिवत अग्नि में होमकर उसे सूक्ष्म रूप से परिणित किया जाता है। अग्नि में डाली हुई वस्तु का स्थलांश भस्म रूप पृथ्वी पर रह जाता है। स्थूल सूक्ष्म उभय-मिश्रित भाग धूम्र बनकर अंतरिक्ष में व्याप्त हो जाता है, जो अंततोगत्वा मेघरूप में परिणत होकर द्यूलोकस्थ देवगण को परितृप्त करता है। 'स्थूल-सूक्ष्मवाद' सिद्धांत के अनुसार प्रत्येक अंश अबाध गति से अपनी अंशी तक पहुंचकर ही रहता है। जल कहीं भी हो, उसका प्रवाह आखिरकार अपने उद्गमस्थल समुद्र में पहुंचे बिना दम नहीं लेता।

यह वैज्ञानिक सूत्र स्वत: ही प्रमाणित करता है कि अग्नि में फूंके गए पदार्थ की सत्ता समाप्त नहीं होती। मनुस्मृति, अध्याय 3/76 भी एक महत्त्वपूर्ण सूत्र है।

अग्नौ प्रास्ताहुति: सम्यग् आदित्यं उपतिष्ठते'

अग्नि में विधिवत डाली हुई आहुति, सूर्य में उपस्थापित

होती है। **श्रीमद्भगवद्गीता**, अध्याय 3, श्लोक 14-15 में भगवान श्रीकृष्ण सृष्टि-चक्र व यज्ञ के बारे में कहते हैं-

"अन्नाद्भवन्ति भूतानि पर्जन्यादन्नसम्भवः।
यज्ञाद्भवति पर्जन्यो, यज्ञः कर्मसमुद्भवः॥

संसार के सम्पूर्ण प्राणी अन्न (खाद्य पदार्थ) से उत्पन्न होते हैं। अग्नि की उत्पत्ति वृष्टि से होती है और वृष्टि यज्ञ से होती है और यज्ञ (वेद) विहित कार्यों से उत्पन्न होने वाला है।

प्र. 125 : अग्नि में पदार्थ लक्षगुणित हो जाता है, इसका प्रत्यक्ष कोई दृष्टान्त हो तो बतावें?

उत्तर : अग्नि से संसर्ग में पदार्थ की व्यापकता का अनुमान तो मात्र लाल मिर्च से ही लगाया जा सकता है। एक लाल मिर्च आप अकेले खावें तो आपको स्वयं ही उसकी चरचराहट का अनुमान होगा। उसको अग्नि में जलाकर तमाशा देख लें। पूरा घर, आस-पड़ोस उसकी गंध से परेशान होकर 'आक्छी-आक्छी' करने लगेगा। इतना ही क्यों, रत्ती भर हींग की छौंक पड़ते ही पूरे मोहल्ले में इसकी सुगंध फैल जाती है। गांव में गुड़ पकने की भीनी-भीनी गंध वायु के संसर्ग से दूर-दूर तक पता चल जाती है।

प्र. 126 : रजोदर्शन किसे कहते हैं?

उत्तर : स्त्री के शरीर में आर्तव (एक प्रकार का रुधिर) एक मास पर्यन्त इकट्ठा होता रहता है। उसका रंग काला पड़ जाता है तब वह धमनियों द्वारा स्त्री की योनि के मुख पर आकर, बाहर निकलना प्रारंभ होता है, इसी को 'रजोदर्शन' कहते हैं।

प्र. 127: रजस्वला किसे कहते हैं?

उत्तर : रजोदर्शन से रजनिवृत्ति के चार दिनों के मध्यकाल में स्त्री को 'रजस्वला' कहते हैं।

प्र. 128 : रजस्वला स्त्री अस्पृश्य क्यों?

उत्तर : रजस्वला के दिनों में स्त्री को अस्पृश्य कहा गया है तथा उसका छुआ हुआ जल भी लोग नहीं पीते। इन चार दिनों में उसे अस्पृश्य समझा जाता है तथा रसोईघर में उसका प्रवेश शास्त्र-वचनों

के अनुसार निषिद्ध मानी गयी। पर आजकल की व्यस्त कामकाजी महिला और समय की कमी वाले संसार में असुविधामूलक इन बातों को दकियानूसी प्रथा कहा जाने लगा है।

पर सच तो यह है कि दुर्गन्धादि दोषयुक्त होने के कारण स्त्री की अपवित्रता इन दिनों प्रत्यक्ष सिद्ध है। इन दिनों के स्पर्श मात्र से शुद्ध जल भी संक्रामक हो जाएगा। रजस्वला के स्राव में विषैले तत्त्वों पर अनेक वैज्ञानिक अनुसंधानों में इन दिनों स्त्रियों को अस्पृश्य घोषित किया है।

प्र. 129 : संक्रामकता के बारे में प्रत्यक्ष कोई दृष्टान्त हो तो बतावें?

उत्तर : सन् 1920 में डॉ. सेरिक ने अनुभव किया कि कुछ फूल रजस्वला के हाथ में देते ही मुरझा जाते हैं। सन् 1923 में इंग्लैण्ड में डॉ. मिकवर्ग ने खोज की उसने रजस्वला के हाथ में मेंढक दिया, मेंढक की गति मंद पायी गयी गई। डॉ. पोलैण्ड तथा डील ने रजस्वला स्त्री के हाथों में खमीर तैयार किया तथा यह निष्कर्ष निकाला की वह भी ठीक नहीं उतरता। दैनिक व्यवहार में हम घरों में भी देखते हैं कि रजस्वला स्त्री की छाया पड़ते ही अचार बिगड़ जाता है। पापड़ लाल हो जाते हैं। तुलसी के हरे-भरे पौधे रजस्वला के स्पर्श से मुरझा जाते हैं तथा एक मास के अंदर-अंदर सूखकर नष्ट हो जाते हैं।

प्र. 130 : रजस्वला स्त्रियों के लिए धर्मशास्त्र ने क्या नियम निर्धारित किए हैं?

उत्तर : 1. रजस्वला स्त्री को चाहिए कि वह ऋतुकाल में ब्रह्मचारिणी रहें 2. दिन में सोए नहीं 3. आंखों में काजल न डालें। 4. रोवे नहीं 5. स्नान 6. चंदन-उबटन, सुगंधित चीज लगाना, तेल मालिश करना 7. दौड़ना, 8. अत्यधिक हंसना, 9. अधिक बोलना, 10. भयंकर शब्द सुनना, 11. केश-संस्कार, 12. उग्रवायु सेवन करना, 13. अत्यधिक परिश्रम करना आदि इन सभी कार्यों से यथाशक्ति दूर रहे।

प्र. 131 : दिन में सोने से क्या होता है?

उत्तर : रजस्वला स्त्री यदि दिन में सोए और कदाचित ऋतुकाल में गर्भ उसे रह जाए, तो भावी शिशु बहुत सोने वाला उत्पन्न होगा।

प्र. 132 : काजल लगाने से क्या होता है?

उत्तर : **'अंजनादंधो'**। धन्वन्तरि कहते हैं कि गर्भवती स्त्री के काजल लगाने से अंधा बच्चा पैदा होता है।

प्र. 133 : रोने से क्या होता है?

उत्तर : **'रोदनात् विकृतदृष्टि'** रोने से विकृत दृष्टि वाली संतान उत्पन्न होती है।

प्र. 134 : स्नान अनुलेपन करने से क्या होता है?

उत्तर : स्नान व अनुलेपन से शरीर की पीड़ा युक्त दु:शील संतान उत्पन्न होती है।

प्र. 135 : तेल मालिश से क्या होता है?

उत्तर : 'तेलाभ्यंगात्कुष्टी' गर्भकाल में तेल मलने से संतान कोढ़ी पैदा होती है।

प्र. 136 : दौड़ने से क्या होता है?

उत्तर : 'प्रधावनांच्चलो' गर्भकाल में दौड़ने से चंचल स्वभाव की संतान उत्पन्न होगी।

प्र. 137 : हंसने से क्या होगा?

उत्तर : प्रसव काल में अधिक हंसने से काले ओष्ठ वाला एवं विकृत जिह्वा तथा तालू वाली संतान होगी।

प्र. 138 : बहुत बोलने से क्या होगा?

उत्तर : 'अतिकथनात् प्रलापी:' प्रसव काल में अधिक बोलते रहने से प्रलापी व बकवादी संतान पैदा होगी।

प्र. 139 : भयंकर शब्द सुनने से क्या होगा?

उत्तर : 'अतिशब्द श्रवणाद् वधिरो', ज्यादा शोर-शराबे व संगीत से संतान बहरी होगी।

प्र. 140 : अधिक वायु-सेवन से क्या होगा?

उत्तर : अधिक वायु-सेवन से, परिश्रम से पागल संतान होगी। कितने शोक की बात है कि इन जरूरी बातों को माता-पिता ध्यान नहीं देते तथा विकृत संतान होने के बाद अपने भाग्य को कोसते हैं।

प्र. 141 : ऋतुस्नाता किसे कहते हैं?

उत्तर : रजोनिवृत्ता के बाद चौथे दिन विधिपूर्वक स्नान की गई स्त्री को 'ऋतुस्नाता' कहते हैं।

प्र. 142 : ऋतुस्नाता को क्या करना चाहिए? ऐसा क्यों?

उत्तर : **''पूर्वं पश्येत् ऋतुस्नाता, यादृशं नरमंगना।**
तादृशं जनयेत्पुत्रं, भर्तारं दर्शयेद् ततः।''

ऋतुस्नाता स्त्री चौथे दिन सुंदर वस्त्र, आभूषण पहनकर मंगलाचरण तथा स्वस्तिवाचन करे। तत्पश्चात् कुलवैद्य, कुलगुरु एवं पति के दर्शन करें।

क्योंकि ऋतुस्नाता के अनन्तर स्त्री जैसे पुरुष का प्रथम दर्शन करती है, उसको उसी प्रकार की संतान उत्पन्न होगी।

प्र. 143 : नवजात शिशु को माता का दूध पिलाएं या डिब्बों का?

उत्तर : पाश्चात्य देश के कुछ मनचले डॉक्टरों ने इस प्रकार के विचार व्यक्त किए थे कि स्त्रियों के स्वास्थ्य-नाश का कारण उनका बच्चों को दूध पिलाना है। इससे स्त्री के शरीर में निर्बलता आती है और वे जल्दी वृद्ध हो जाती हैं। विदेशी शिक्षा से दीक्षित नर-नारियों पर इसका जादू-सा प्रभाव हुआ, फलतः डिब्बों के बंद दूध का प्रचलन अत्यधिक बढ़ गया। नवजात शिशु को बंद डिब्बें के दूध पिलाने से अनेक प्रकार के रोग हो जाते हैं तथा उसका मानसिक विकास नहीं हो पाता। अब डॉक्टर लोग और विभिन्न देशों की सरकारें ही टी.वी. पर विज्ञापन कर रही है कि कि नवजात शिशु को मां का दूध ही पिलाना चाहिए। स्तनपान मधु अर्थात् प्रेम-भावना का स्रोत है जो बालक के लिए पुष्टि तथा बलदायक है। माता का दूध उसके वात्सल्य प्रेम से मिश्रित होता है। वो मजा निर्जीव डिब्बों में कहां? माता का दूध बच्चे के लिए सब औषधियों से ऊपर, अमृत तुल्य होंता है।

वैज्ञानिक अनुसंधानों से पता चला है कि मां के दूध में रोग प्रतिरक्षात्मक शक्ति होती है तथा एन्जाइम (Enzyme) रसप्रधान पाचक तत्त्व होता है। ये दोनों तत्त्व पाउडर में नहीं होते। मां के दूध में एक विशेष प्रकार के इलैक्ट्रिक ऐसिड निरन्तर प्रवाहित होता रहता है जो कि बच्चे के ऊपर बाहरी रोगों का आक्रमण नहीं होने देता। यह शक्ति भी पाउडर में नहीं होती।

प्र. 144 : बच्चे को धाय का दूध क्यों नहीं?

उत्तर : कई रईस लोग यह जानकर कि बच्चों को डिब्बे का दूध नहीं पिलाना चाहिए, इसे स्तनपान कराना चाहिए। इसके कारण अपने स्वयं के स्वास्थ्य का संरक्षण करती हुई बच्चे को धाय (अन्य बच्चे पालने वाली स्त्री) का दूध पिलाते हैं, पर यह प्रक्रिया भी स्वास्थ्य के लिए हानिप्रद है। वास्तविकता यह है कि नवजात शिशु को माता अपने स्तन का पान करावे इससे माता का ममत्व और शिशु को शिशुत्व दोनों को ही पुष्टता मिलती है, दोनों का स्वास्थ्य परस्पर प्रीति से बढ़ता है। माता का दूध बालक के वंश के उत्तम और शुभ विचारों को उत्पन्न करता है। ब्राह्मण वंशोद्भव मां का दूध से जो बुद्धि और ज्ञान बालक में उत्पन्न होता है, क्षत्राणी के दूध से बालक के रंगों में जो शूरवीरता भर जाती है, वह धाय के दूध से नहीं आती।

प्र. 145: लघुशंका व दीर्घशंका के समय जनेऊ कानों पर क्यों?

उत्तर : प्रथमत: लघु व दीर्घ शंका काल में ब्रह्मसूत्र अर्थात् जनेऊ को अपवित्रता से बचाने के लिए कानों द्वारा ऊपर खींच लिया जाता है। दूसरा कारण यह है कि लौकिक दृष्टि से कान पर यज्ञोपवीत होने से मनुष्य के अपवित्र हाथ-पांव होने का संकेत चिह्न है। जिसे देखकर व्यक्ति दूर से ही समझ जाता है कि अमुक व्यक्ति जब तक मिट्टी आदि से हाथ मांजकर शुद्धि आदि न कर ले तब तक वह अस्पृश्य है।

प्र. 146 : लघुशंका के समय जनेऊ दायें कान पर ही क्यों?

उत्तर : शास्त्रकारों ने दाहिने कान का ज्यादा महत्त्व दिया है। कहा गया है–

'आदित्या वसवो रुद्रा, वायुरग्निश्च घर्यराट्।
विप्रस्य दक्षिणे कर्णे, नित्यं तिष्ठन्ति देवता:।।'

अर्थात् ब्राह्मण के दाहिने कान में देवताओं का निवास है अत: पवित्रता के महान केन्द्र पर जनेऊ रखने का विधान शास्त्रीय मर्यादाओं के अनुकूल है।

प्र. 147 : इसका वैज्ञानिक कारण हो तो स्पष्ट करें?

उत्तर : आयुर्वेद के अनुसार **'लोहितिका'** विशेष नाड़ी दाहिने कान से होकर मनुष्य के मल-मूत्र द्वार पहुंचती है। यदि दक्षिण कान की

इस नाड़ी को थोड़ा-सा हाथ से दबा दिया जाए तो व्यक्ति के मूत्र-द्वार स्वत: ही खुल जाता है और स्वस्थ आदमी भी पेशाब कर देता है। पाठशालाओं में गुरु जी के द्वारा बच्चों के कान दबाने पर यह हरकत प्राय: देखी जाती है। इस नाड़ी का अण्डकोष से भी सीधा संबंध है। हरनिया नामक बीमारी की रोकथाम के लिए आज भी डॉक्टर लोग इन कान को ही नाड़ी की जगह से वेध (छेद) करते हैं। अत: वैज्ञानिक रीति से यह प्रमाणित है कि इस कान को जनेऊ द्वारा वेष्ठित करने से व्यक्ति को मूत्र एकदम साफ व सरलता के साथ आखिरी बूंद तक उतर जाता है तथा व्यक्ति की मूत्र-संबंधी रोग नहीं होते।

प्र. 148 : दीर्घशंका मे दोनों कानों का वेष्ठन क्यों?

उत्तर : प्राय: शौच के समय जोर लगाने से, लघुशंका के साथ वीर्य अज्ञातरूप से स्खलित होने लगता है और ध्यान न देने पर यह एक भयंकर रोग का रूप धारण कर लेता है। यदि कानों के ऊपर वाली इन नाड़ियों को जागृत किया जाए तो वीर्य स्खलित होने का किसी प्रकार का भय नहीं रहता। दोनों कानों पर यज्ञोपवीत के वेष्टन से नाड़ियां जागृत होकर संचेष्ट हो जाती हैं। इस कारण से ऋषि लोग सर्वाङ्ग रूप से वीर्य का संरक्षण करते थे और यज्ञोपवीत की पवित्रता भी बनी रहती थी। दोनों कानों पर यज्ञोपवीत की वेष्टन से व्यक्ति मधुमेह, प्रमेह, डाइबिटीज व मल-मूत्र दोष जन्य भयंकर रोगों से बच सकता है।

प्र. 149 : वर-वधू के पांवों में रक्षा-सूत्र क्यों?

उत्तर : वर-वधू के पांव में खौंडी अथवा रक्षासूत्र पहनाने की प्रथा प्राय: सभी प्रांतों में है। यह रक्षा-सूत्र कौड़ी, सुपारी, पीली सरसों, लोहे का हल्ला आदि वस्तुओं से निर्मित होता है। वस्तु विज्ञान के अनुसार यह सब वस्तुएं अदृश्य वातावरण जन्य हानियों से भावी-दम्पत्तियों की रक्षा के साथ उनकी विशेष स्थिति की परिचायक भी होती हैं। इससे आबद्ध होने के बाद उन्हें कठिन परिश्रमसाध्य कार्यों से अवकाश दे दिया जाता है। रक्षासूत्र शरीर में अचानक रोगों या कष्ट उत्पन्न नहीं होने देता।

प्र. 150 : गोबर से लेप क्यों?

उत्तर : प्रथमत: तो गोबर शुचि (पवित्र) पदार्थ है। फिर वैज्ञानिक उसे असंक्रामक नॉन कण्डक्टर मानते हैं। गोबर में विद्युत निरोधकारणी शक्ति है। मनुष्य के प्राणवायु निकलने के दस द्वार माने गए हैं। ब्रह्मरन्ध्र (कपाल) से प्राणवायु निकलते तो व्यक्ति का पुनर्जन्म नहीं होता पर यह सौभाग्य योगियों एवं नित्य प्राणायाम करने वाले इष्टबली व्यक्तियों को ही मिल पाता है। आम व्यक्ति का (वीर्य) ओज प्राय: निम्न गामी हो जाता है। मनुष्य को चित्त लिटाने से उसके मलद्वार भूमि में संसर्ग कर जाते हैं तथा भूमि का आकर्षण शक्ति प्राणों को चुम्बक की तरह खींचकर गुप्त द्वार से निकालती है। इस दुर्गति से बचने के लिए मानव शरीर व पृथ्वी के बीच गोबर का लेपन किया जाता है।

प्र. 151 : विज्ञान ने गोबर में और कौन-से तत्त्व स्वीकार किए हैं?

उत्तर : गोबर में 'फॉस्फोरस' नामक तत्त्व बहुतायत मात्रा में पाया जाता है। यह तत्त्व नानाविध संक्रामक रोगों के कीटाणुओं को नष्ट कर देता है। वैज्ञानिक अनुसंधानों से यह पता चलता है कि गोबर से बने घरों में परमाणु ऊर्जा के घातक कीटाणु भी निष्क्रिय हो जाते हैं, सर्वेक्षण से यह भी पाया गया है कि आकाश से गिरने वाली बिजली गोबर के ढेर पर गिरते ही, वहीं समा जाती है। जिस प्रकार स्याही सोख, स्याही के धब्बे को सोख कर, उसे फैलने से रोकता है वैसे ही गोबर विद्युत ताड़ने को सोखने (पचाने) की क्षमता रखता है। मृत शरीर में कई प्रकार के संक्रामक रोगों की कीटाणु होते हैं। मृत्यु के समय उपस्थित कुटुम्बीजनों के स्वास्थ्य संरक्षण हेतु भी गोबर का चौंका होना अनिवार्य माना गया है। कुष्ठ रोग में गाय का गोबर लाभकारी है। बंदर के काटे घाव पर गाय का गरम गोबर लगाने से पीड़ा तत्काल छू-मंतर हो जाती है।

प्र. 152 : गोमय का प्रश्न क्यों?

उत्तर : गोमय में जीवाणु और विषाणु को खत्म करने की विशेष शक्ति होती है। इटली के डॉक्टर यहां तक सलाह देते हैं कि टी.बी. सेनिटोरियम में गोमय रखा जाए, क्योंकि टी.बी. के कीटाणु इसकी गंध मात्रा से मर जाते हैं। दुर्गन्ध दूर करने के मामले में उत्तम-से-उत्तम फिनाइल भी गोमय के सामने फीका पड़ जाता

है। गोमय से बनाया गया रंग विकिरणों का रोधक साबित होता है। सूखी खुजली में गोमय जादू-सा असर दिखलाता है। खून खराबी, वीर्य-दोष एवं फोड़े-फुंसी में प्रयोग का प्राशन शीघ्र प्रभाव देता है।

प्र. 153 : क्या गोमय से स्नान भी कर सकते हैं?

उत्तर : महाराष्ट्र में नेडेम काका नाम के एक शोधकर्ता ने अभी-अभी गोमय से नहाने का 'अंगराज' नामक साबुन बनाया है। गोमय से बना 'अंगराज' साबुन चर्मरोग नाशक और कान्ति बढ़ाने वाला साबित हुआ है। महाराष्ट्र के चैम्बर और कॉमर्स ने नेडेम काका को पुरस्कृत भी किया है।

प्र. 154 : क्या गोमय वातावरण शुद्धि में भी उपयोगी है?

उत्तर : गोमय से धूप-अगरबत्ती बनायी गयी है, जो कि वातावरण को शुद्ध करने में उपयोगी रही है। गोमय रोगनाशक है। इससे चूल्हा जलाने की बायो गैस भी तैयार की गई है।

प्र. 155 : क्या गोबर के कण्डे भी उपयोगी हैं?

उत्तर : वैज्ञानिक परीक्षणों से सिद्ध हुआ है कि गोबर के कण्डे (उपले) से उठने वाला धुआं स्वास्थ्यनाशक नहीं, बल्कि प्रदूषण अर्थात् आकाश मण्डल में विचरने वाले विषाक्त कीड़ों को मारने वाला होता है। मृतप्राय: शरीर में कण्डे की राख रगड़ने से रक्त प्रवाह सही हो जाता है।

प्र. 156: कुश क्यों बिछाते हैं?

उत्तर : कुश शुचि (पवित्र) है तथा असंक्रामक है। कुश (दर्भ) नामक घास सर्वत्र उपलब्ध भी रहती है।

प्र. 157 : उत्तर दिशा की ओर सिर क्यों?

उत्तर : वैसे तो जीव को दक्षिण दिशा की ओर पांव करके एवं उत्तर दिशा को सिर करके कभी नहीं सोना चाहिए परन्तु मृत्यु की अवस्था में विपरीत आचरण क्यों? मरणकालीन सभी विधियों का मूल सिद्धांत यही कि प्राणों का उत्सर्ग दशम द्वार से हो, प्राण ऊर्ध्व होता है। दक्षिण से उत्तर दिशा की ओर निरन्तर चलने वाला विद्युत प्रवाह कम्पास यंत्र की सुई की भांति मनुष्य के निकलते हुए प्राणों को निम्नगामी बना देता है। ध्रुवाकर्षण

की इस प्रक्रिया को रोकने के लिए उत्तर को सिर और दक्षिण को पांव करने की प्रथा की व्यवस्था मरणकाल में की गई है।

प्र. 158 : शव को जलाना ही क्यों चाहिए?

उत्तर : अनेक मुस्लिम व अहिन्दू सज्जन यह आक्षेप किया करते हैं कि हिन्दू लोग अपने प्यारे कुटुम्बियों के मृत शरीर देह को बड़ी बेरहमी के साथ आग में फूंक डालते हैं। मालूम होता है कि मौलाना साहब को अपने दफनाई हुई लाशों की अंतिम दुर्गति का राज मालूम नहीं। चिता की शुद्ध पवित्र अग्नि में देह भस्मसात् हो जाती है। परन्तु कब्रों के कारण संसार की कितनी उपयोगी भूमि आज भी व्यर्थ हो रही है। यदि गाड़ने की इस कुप्रथा को अति शीघ्र समाप्त न किया गया तो एक दिन समस्त संसार कब्रिस्तान में बदल जाएगा जब कि हिन्दू एक-दो गज जमीन के टुकड़े पर हजारों लाखों शवों का दाह-संस्कार कर डालता है।

प्र. 159 : सचैल (वस्त्र सहित) स्नान क्यों?

उत्तर : मृतक के साथ श्मशान भूमि तक जाने वाले संबंधियों एवं विजातियों को सचैल स्नान की आज्ञा शास्त्र देते हैं। इसका कारण यह है कि मृतक न जाने किन-किन रोगों से बिद्ध होकर शरीर त्यागने को विवश होता है। अनेक संक्रामक रोगों के कीटाणु दग्ध होने के पूर्व उसके शरीर पर चिपके रहते हैं। शवानुगामी संबंधियों को सचैल स्नान करने से, संक्रामक रोगों से बचाव हो जाता है।

प्र. 160 : अस्थियों को गंगा में क्यों डालें?

उत्तर : हिन्दू धर्मशास्त्रों के अनुसार मृतक की अस्थियां जब तक गंगा में रहती हैं, मृतात्मा शुभ लोगों में निवास करता हुआ आनन्दित रहता है। जब तक मृतात्मा की भस्म गंगा में प्रवाहित नहीं करते, मृतात्मा की परलोक यात्रा प्रारम्भ नहीं होती।

अस्थियों के वैज्ञानिक परीक्षण से यह सिद्ध हुआ है कि उसमें फास्फोरस अत्यधिक मात्रा में होती है जो खाद के रूप में भूमि को उपजाऊ बनाने में विशेष क्षमता रखती है। गंगा हमारे कृषि प्रधान देश की सबसे बड़ी नदी है। अपने निरन्तर

गतिशील प्रवाह के कारण इसके जल की उपजाऊ शक्ति नष्ट न हो जाए, इसलिए भी इसमें अस्थिप्रवाह की परम्परा वैज्ञानिक सूझ-बूझ से रखी गई है।

प्र. 161 : सगोत्र विवाह निषिद्ध क्यों?

उत्तर : हिन्दू सनातन धर्म में पिता के गोत्र में उत्पन्न सभी सजातीय सवर्ण लोग गोत्री भाई एवं गोत्री बहन कहलाते हैं। इसलिए सगोत्र भाई-बहनों में विवाह निषिद्ध है।

इसका वैज्ञानिक पक्ष यह है कि जैसे अत्यन्त विजातीय विवाह संबंध विकृति लाते हैं। वैसे ही अत्यंत सजातीय समान गोत्र एवं समान प्रवर से भी विवाह संबंध वर्जित है। विवाह सवर्ण में हो परन्तु स्वगोत्र में न हो, इसका प्रमुख कारण अत्यन्त सजातीय सम्पर्क के मूल वस्तु में कुछ भी विशेषाधीन नहीं होता, कोई आकर्षण-विकर्षण की प्रतिक्रिया नहीं होती। अत्यंत सजातीय सवर्ण दूध को दूध में मिलाने से कोई विलक्षण्य उत्पन्न नहीं होता। परन्तु सजातीय दूध में थोड़ी-सी तक्र का सम्मिश्रण कर दें तो वह उसे दही में परिणत करके तद् व्यापक मक्खन कणों में एकत्र संघटित हो जाने की योग्यता का विशेषाधान कर देता है।

विवाह संबंध का सीधा सूत्र है कि विवाह न विजातीय से हो और न ही अत्यन्त सवर्ण सजातीय से। वैज्ञानिक दृष्टि से सवर्ण किन्तु असगोत्र का यौन संबंध ही शारीरिक, मानसिक, आध्यात्मिक और वैज्ञानिक दृष्टि से सर्वश्रेष्ठ रहता है।

प्र. 162 : घर के आंगन में तुलसी का वृक्ष क्यों?

उत्तर : प्रत्येक सद्गृहस्थ के घर के आंगन में प्राय: तुलसी का पौधा लगा होता है। यह हिन्दू परिवार की एक विशेष पहचान है। स्त्रियां इसके पूजन के द्वारा अपने सौभाग्य एवं वंश के समृद्धि की रक्षा करती हैं। रामभक्त हनुमानजी जब सीता की खोज करने लंका गए तो उन्हें एक घर के आंगन में तुलसी का वृक्ष दिखलाई दिया।

''रामायुध अंकित गृह, शोभा बरनि न जाय।
नव तुलसि का वृन्द तंह, देखि हरष कपिराय॥''

अर्थात् अति प्राचीन परम्परा से तुलसी का पूजन सद्गृहस्थ परिवार में होता आया है। जिसके संतान नहीं होती, वे तुलसी-विवाह भी कराते हैं। तुलसी पत्र चढ़ाये बिना शालिग्राम का पूजन नहीं होता। विष्णुभगवान को चढ़ाए श्राद्ध भोजन में, देवप्रसाद, चरणामृत, पंचामृत में तुलसीपत्र होना आवश्यक है अन्यथा वह प्रसाद भोग देवताओं को नहीं चढ़ता। मरते हुए प्राणी के अंतिम समय में गंगाजल व तुलसी पत्र दिया जाता है। तुलसी जितनी धार्मिक मान्यता किसी भी वृक्ष को नहीं है।

इन सभी धार्मिक मान्यताओं के पीछे एक वैज्ञानिक रहस्य छिपा हुआ है। तुलसी वृक्ष एक दिव्य औषधि वृक्ष है तथा कस्तूरी की तरह एक बार मृत प्राणी को जीवित करने की क्षमता रखता है। तुलसी के माध्यम से कैंसर जैसी असाध्य बीमारी भी ठीक हो जाती है। आयुर्वेद के ग्रंथों में तुलसी का बड़ी भारी महिमा वर्णित है। इसके पत्ते उबाल कर पीने से सामान्य ज्वर, जुकाम, खांसी एवं मलेरिया में तत्काल राहत मिलती है। तुलसी के पत्तों को संक्रामक रोगों से रोकने की अद्भुत शक्ति है। प्रसाद पर इसको रखने से प्रसाद विकृत नहीं होता। पंचामृत व चरणामृत में इसको डालने से बहुत देर रखा गया जल व पंचामृत खराब नहीं होते, उसमें कीड़े नहीं पड़ते।

तुलसी की मंजरियों में एक विशेष खुशबू होती है, जिससे विषधर सांप उसके निकट नहीं आते। यदि रजस्वला स्त्री इस पौधे के पास से गुजर जाए तो वह फौरन म्लान हो जाता है। इसके अनेक औषधीय गुणों के कारण ही, इसकी पूजा की जाती है।

'रणवीर भक्ति रत्नाकर' ग्रंथ के अनुसार–

तुलसी के गंध से सुवासित वायु जहां तक घूमती है, वहां तक दिशा और विदिशाओं को पवित्र करता है और उद्भिज, श्वेदज, अण्ड तथा जरायु–चारों प्रकार के प्राणियों को प्राणवान करता है। **'क्रियायोगसार'** नामक एक अन्य ग्रंथ के अनुसार–तुलसी के स्पर्श मात्र से मलेरिया इत्यादि रोगों के कीटाणु एवं विविध व्याधियां तुरंत नष्ट हो जाती है।

प्र. 163 : चेचक जैसे भयंकर रोग की शीतला माता क्यों कहा जाता

है? इसमें क्या वैज्ञानिकता है?

उत्तर : आयुर्वेद शास्त्र में वैद्यराज धन्वन्तरी ने 'शीतलास्तोत्र' की रचना की जिसमें चेचक रोग का मार्मिक वैज्ञानिक विवेचन किया गया है। भारतीय चिकित्सकों में 'माता' (चेचक) रोग में औषधोपचार को महत्त्व नहीं दिया गया, किन्तु वैज्ञानिक उपचारों और तदद् धार्मिक अनुष्ठानों पर ही अधिक बल दिया गया है क्योंकि औषधियां तो बाह्य रोग, कीटाणुओं के विनाश में ही समर्थ है। समस्त शरीर में व्याप्त मातृ-रजोमय विकार को दूर करने की औषधियों में सामर्थ्य कहां? जैसे साबुन, कपड़े में धंसी मैल को निकालने में तो समर्थ है परन्तु कपड़े के प्रत्येक वस्तु को ओतप्रोत रुई को निकालने में शक्ति उसमें नहीं। यदि कोई मूढ़ अतीव तीक्ष्ण तेजाब से कपड़े में से कोई को पृथक करने की कोशिश करेगा तो तात्पर्य होगा कपड़े के अस्तित्व को खतरे को डालना। ठीक उसी प्रकार से पाश्चात्य डॉक्टर चेचक रोग में तद्द इन्जेक्शन के बल से उसे शांत करना चाहते हैं। निःसंदेह वे रोगी की मृत्यु का स्वयं आवाहान करते हैं।

ब्राह्मी, महेश्वरी, कौमारी, वैष्णवी, वाराही, इन्द्राणी और चामुण्डा ये सात प्रधान माताएं हैं। इनमें ब्राह्मी आदि स्वभाव स्वरूप तथा क्रमशः चामुण्डा का आक्रमण सबसे खतरनाक (घातक) होता है। यह रोग सात (स्टेज) विभाग में होता है, प्रारम्भिक चार आक्रमण वैष्णवी तक कोई खास खतरा नहीं होता है। कौमारी में एक बार विस्फोटक दिख कर पुनः विलुप्त हो जाता है तथा नाभि के अधोभाग पर विस्फोट रहता है। वाराही का आक्रमण बड़ी मंथर गति से होता है, इसलिए इसे 'मन्थज्वर' भी कहा जाता है। चामुण्डा के आक्रमण में तो सर्वाङ्ग दूषित हो जाता है। जिह्वा व नेत्र में विस्फोट हो जाते हैं। व्यक्ति अंधा, विकलांग व कुरूप हो जाता है।

चामुण्डा का स्वरूप–

वन्दे अहं शीतलां देवीं रासभस्था दिगम्बराम्।
मार्जनी कलशोपेतां सूर्पालंकृत-मस्तकाम्।।

–धन्वन्तरि कृत शीतलास्तोत्र

गधे पर बैठी सर्वथा नग्न, झाड़ू और जलघट उठाए, सूर्प

(छाज) को सिर पर धारण किए हुए शीतला माता को मैं नमस्कार करता हूं।

उपर्युक्त श्लोक में चामुण्डा का जो चित्र खींचा गया है, रोगी इस पर ध्यान दे तो रोगोन्मुक्त हो सकता है। 'शीतला' नाम का तात्पर्य है कि उक्त रोग के आक्रमण के समय रोगी आन्तरिक दाह से तड़फड़ता रहता है, उसे शीतलता की बहुत आवश्यकता रहती है। यह शीतलता बाह्य नहीं आंतरिक चाहिए। इसलिए इस रोग की अधिष्ठात्री देवी ही स्वयं 'शीतला' है।

शीतला गधे पर सवार है। इस रहस्य को भी समझना होगा। चन्द्र (धैर्य) शक्ति प्रधान गधा अधिक-से-अधिक परिश्रम करने पर भी, थका-मांदा होने पर भी धैर्यपूर्वक बोझा ढ़ोता चला जाता है। इसी प्रकार चामुण्डा के आक्रमण के समय रोग के अधिक-से-अधिक प्रहार को सहन करते हुए रोगी को कभी अधीर नहीं होना चाहिए। शीतलारोग में गर्दभी का दूध बहुत हितकर होता है तथा गधे के लौटने के स्थान की मिट्टी, रोगी को बहुत लाभ पहुंचाती है।

'चामुण्डा शववाहना' के अनुसार चामुण्डा का वाहन शव मुर्दे की लाश कही गई है। इसका तात्पर्य है—चामुण्डा से आक्रान्त रोगी को शव की तरह निश्चेष्ट बन कर मर्यादा (रोग निवृत्ति की अवधि) की प्रतीक्षा करनी चाहिए।

इन सब बातों में वैज्ञानिक रहस्य कूट-कूट कर भरा है। चामुण्डा दिगम्बरा है अर्थात् सवर्था नग्न अवस्था में है, जो चामुण्डाक्रान्त रोगी को भी प्राय: नग्न ही अवस्था में भस्म (राख) के बिस्तर पर लेटना चाहिए। क्योंकि सर्वाङ्ग व्याप्त विस्फोट से निकलने वाला पीप-रुधिर यदि वस्त्र में चिपक जाए तो फिर वह घावों से चिपक जाता है, शीघ्र उतरता नहीं, बलात् उतारने से घाव और अधिक गहरे हो जाते हैं, जो फिर आयुपर्यन्त नहीं भरते। अत: गोमय के कण्डों की नरम राख को बिस्तर पर बिछाकर चामुण्डा के रोगी को सर्वथा नग्न लिटाना चाहिए। इसमें शरीर पर कम-से-कम स्थाई दाग बन पाएंगे।

चामुण्डा के हाथ में झाड़ू है। यह झाड़ू घर की स्वच्छता की प्रतीक है। इसलिए स्वच्छता की विशेष ध्यान दिलाने के लिए शीतला माता के एक हाथ में झाड़ू विद्यमान रहता है। दूसरे

हाथ में कलश जहां धोने-प्रलाक्षण करने का प्रतीक है, वहां बीमार के निकट जलपूर्ण घट खुले मुंह चौबीसों घण्टे रखने की प्रचलित प्रथा का भी निर्देश देता है। आज के वैज्ञानिक यह उद्घोषणा कर चुके हैं कि रोग से परिप्लुप्त वातावरण को विशुद्ध बनाने के लिए पानी का खुला टब घर में रखना बहुत लाभप्रद है क्योंकि रोगों की मूल 'कार्बन गैस' उसमें समा जाती है। इसलिए शीतला को 'कलशोपेता' कहा गया है।

डॉक्टर प्रायः जल के खुले टब को बीमार के निकट रखने का तो समर्थन करते हैं। परन्तु यह परामर्श नहीं देते कि पुनः उस पानी का क्या करें। परन्तु हमारे महर्षियों ने इसकी पूरी-पूरी व्यवस्था दी है। यथा रोगी को सिरहाने रखा हुआ जल प्रातः-सायं उठाकर गांव से बाहर उस एकान्त स्थान में, जो कि केवल शीतला के लिए ही गांव की और से नियत है, उड़ेल दिया जाए, जिसमें रोग के कीटाणु दूसरे लोगों पर संक्रान्त न हो पाएं। इस तरह प्रातः-सायं नियत समय पर जलपूर्ण पात्र ले जाते देखकर गांव वाले जान जाते हैं कि अमुक घर पर चामुण्डा का आक्रमण हो रहा है। अतः सबको उनके सम्पर्क से बचना चाहिए। प्रायः इस रोग में बीमार को जनसम्पर्क से पूरी तरह बचकर रहने की सलाह दी जाती है।

चामुण्डा के ध्यान में अंतिम विशेषण–**'सूर्पालंकृत मस्तकाम्'** कहा गया है–चामुण्डा के अन्न को विशुद्ध बनाने के प्रधान साधक सूप (छीज) को अपने सिर का भूषण बना रखा है। कहना न होगा कि जिस घर में भोजन-सामग्री की विशुद्धता का विशेष ध्यान रहता है, उस घर पर चामुण्डा कभी कुपित नहीं होती।

बासी (ठण्डा) भोजन क्यों?–शीतला सप्तमी के दिन माता (चामुण्डा) की पूजा करके एक दिन पहले का बनाया हुआ बासी भोजन देवी को भोग लगाते हैं। उस दिन हिन्दू परिवार में चूल्हा नहीं जलता। चूल्हा पानी डाल कर ठण्डा किया जाता है। जोधपुर में तो इस दिन बड़ा भारी मेला लगता है।

वैसे चिकित्सा शास्त्र कहता है कि प्रदूषित अन्न भक्षण से शैथिल्य बढ़ता है। यह ठीक है–रक्त की अनावश्यक बढ़ती

हुई प्रगति को रोकने में अर्थात् रक्त दबाव (Blood pressure) का बैलेंस ठीक रखने के लिए तेल में पका बासी स्निग्ध पकवान बहुत हितप्रद सिद्ध होता है। साधारण स्थिति में जो शैथिल्य दूषण है। शीतला प्रकोप में वही वरदान बन जाता है।

फिर इन देवियों का पूजा-उपहार केवल चाण्डालादि को ही प्रदान किया जाता है और उक्त मंदिरों में प्राय: इन्हीं लोगों की सम्पत्ति समझी जाती है। जो इस प्रकार शीतला पूजन हरिजन व अन्त्यज वर्ग के उद्धार की एक सामाजिक व्यवस्था भी उपलक्षित होती है।

जोधपुर का ऐतिहासिक शीतलाष्टमी मेला–जोधपुर का कागा क्षेत्र प्राचीनकाल से ही अपने अनुपम सौन्दर्य के कारण विश्वविख्यात रहा है। यह क्षेत्र तीनों तरफ सुरम्य पहाड़ियों का विशाल चट्टानों से घिरा हुआ है, जो भोगी शैल पर्वत की विस्तृत श्रृंखला का भाग है। कागा तीर्थस्थल पर मंदिरों का छटा ही निराली है। पहाड़ी का काला-गौरा भैरूजी की प्राकृतिक प्रतिमाएं हैं।

राजस्थान पुरातत्त्व ग्रंथ माला की पुस्तक 'मारवाड़ री विगत' में कागा क्षेत्र का उल्लेख मिलता है। ऐसी किंवदन्ती है कि हजारों वर्ष पूर्व इस पहाड़ी पर प्रख्यात ऋषि काग भुषुण्डि तपस्या करते थे। वे अपने योगाभ्यास की शक्ति से प्रतिदिन प्रात: ब्रह्ममुहूर्त में मीलों दूर गंगास्नान करने जाते थे और अपने कमण्डलु में गंगाजल लेकर लौटते थे। वृद्धावस्था में भी ऋषि का कठोर तपस्या व दैनिक गंगास्नान के नियम से प्रभावित होकर गंगा मैया ने उन्हें वचन दिया कि "वत्से! तू अपने पहाड़ी क्षेत्र में जहां भी कमण्डल रख देगा मैं स्वयं तेरे पास पहुंच जाऊंगी।" दूसरे दिन ऋषि ने जिस स्थान पर कमण्डल रखा, उसी स्थान पर गंगा की धारा प्राकृतिक रूप से प्रकट हुई। उसी समय से कागा कुण्ड पवित्र तीर्थ समझा जाने लगा। इसी पवित्र कुण्ड को जोधपुर के पूर्व महाराजा उम्मेदसिंहजी ने उसे कुएं का रूप प्रदान कर जाली लगवा कर सुरक्षित बना दिया। गंगाजल को कवि रसखान ने महत्त्व देते हुए कहा कि–

"वेद की औषधि खाई कछू न करे यह संजम सूनि मौसों

तो जलपान कियो रसखानि, संजीवनी लियौ सुख तोसों
ऐसी सुधामयी भागीरथी सब पथ्य कुपथ्य बने तुहि पोसे।
आक धतूरों चबात फिरे, विष खात फिरै सिव तोरे भरोसे।''

रसखान के पद में गंगा के जल की जो विशेषता प्रकट की गई है तो भला ऋषि कागभुषुण्डि के तप, नियम से प्रभावित होकर प्रकट हुई गंगा की विशेषता तो यहां भी विद्यमान रहेगी ही अर्थात् कागा का जल स्वास्थ्यवर्धक औषधि बन गया। तत्कालीन जोधपुर महाराजा तो प्रतिदिन इस जल का ही उपयोग करते थे एवं विदेश यात्रा में भी यह जल साथ ले जाया जाता था। ऋषि कागभुषुण्डि की कृपा से जोधपुर के अनेकानेक लोगों ने इस जल के सेवन से कई असाध्य रोगों से छुटकारा पाया। यह कुआं मुश्किल से 30-35 फुट गहरा होगा। लेकिन इसमें हर वक्त पानी का स्तर एक-सा ही रहता है, अकाल की स्थिति में अधिकांश जलस्रोत सूख जाते हैं लेकिन इस कुएं के पानी का स्तर घटता नहीं। इस क्षेत्र को 'कागा तीर्थ' व 'स्वर्गस्थली' के नाम से पुकारा व पहचाना जाता है, क्योंकि मनुष्य अपनी अंतिम जीवन-यात्रा पूर्ण करने के बाद इस क्षेत्र की पवित्र मिट्टी में विलीन हो जाता है। यहां पर विभिन्न जाति-समुदाय के अलग-अलग श्मशान एक-डेढ़ किलोमीटर की परिधि में बने हुए हैं।

कागा तीर्थ व स्वर्गस्थली क्षेत्र में बारहों मास बहने वाले झरने का वर्णन भी मिलता है, जिससे यहां के प्रसिद्ध अनार के बगीचों की सिंचाई होती थी। इतिहासकार गौरीशंकर, हीराचंद ओझा ने मारवाड़ के इतिहास में लिखा है कि स्वर्गीय श्री जसवंतसिंह प्रथम ने अपने उद्यान अधीक्षक चितरा गहलोत को काबुल भेजकर काबुल अनार के पौधे व चिकनी उपजाऊ मिट्टी मंगवाकर यहां काबुली अनार का विशाल उद्यान स्थापित किया था। विश्वविख्यात इतिहासकार कर्णन जेम्स टाड ने 1711 में जोधपुर आए, तब उन्होंने कागा के प्रसिद्ध बगीचे व उसके फलों के शर्बत के स्वाद का मुक्त कंठ से प्रशंसा की।

कालान्तर में देख-रेख के अभाव में वह बगीचा उजड़ कर वीरान हो गया। बगीचे का स्थान मेला स्थल में बदल गया। जो मेले के समय आकर्षण का केन्द्र अवश्य बन जाता है। शेष वर्ष भर अपने अतीत पर आंसू बहाता है। इस मैदान के चारों तरफ नगर सुधार न्यास जोधपुर ने चहारदीवारी बनाकर, रैलिंग लगाकर इस मेला-स्थल को अतिक्रमणकारियों के आक्रमणों से सुरक्षित व अजेय बना दिया है।

इस मेले को देखने से स्पष्ट प्रतीत होता है कि यह मेला पूर्ण रूप से धर्मनिरपेक्षता का प्रतीक है। इस मेले में बिना भेद-भाव के हिन्दू, मुस्लिम, सिख, जैन, ईसाई सभी धर्मावलम्बी भाग लेते हैं। ऐसे ही मेलों की आज आवश्यकता है जो कि लोगों के हृदय में भ्रातृभाव जागृत कर सके। जो कि देश की खुशहांली की अग्रसर कर सके। ऐसे मेलों का आयोजन में जनता, जनसेवी संस्थाएं एवं सरकार का सहयोग अपेक्षित है।

प्र. 164: भगवान् श्रीराम बारह कला के अवतार माने गए तथा श्रीकृष्ण सोलह कला के, क्या भगवान भी छोटे-बड़े होते हैं तथा यह कलाओं का चक्कर क्या है?

उत्तर : कलाओं के आधार पर ईश्वर को छोटा-बड़ा सोचने की शंका पूर्णतः निर्मूल है। यह ऐसा ही प्रश्न है जैसे कोई अबोध बालक यह पूछे कि दो अठन्नी का रुपया बड़ा होता है? या चार चवन्नी का? अथवा सोलह आने का? कहना न होगा कि अठन्नी, चवन्नी और आनों को संख्या विभिन्न होने पर भी रुपया कभी छोटा-बड़ा नहीं होता। उसी प्रकार परमात्मा अपने आप परिपूर्ण है, वह कभी कहीं भी छोटा-बड़ा नहीं होता है। केवल देशकाल, परिस्थिति एवं आवश्यकता अनुसार उसके छोटे-बड़े विभिन्न रूप प्रतिभासित होते हैं।

अब यहां कला के वैज्ञानिक पक्ष को भी स्पष्ट कर देना आवश्यक समझता हूं। यह तो सभी जानते हैं कि भगवान श्रीराम सूर्यवंशी क्षत्रिय थे तथा यादवेन्द्र भगवान श्रीकृष्ण चंद्रवंशीय थे। भगवान श्रीराम का जन्म चैत्र शुक्ल नवमी को दोपहर ठीक 12 बजे अभिजित मुहूर्त, कर्क लग्न में हुआ। उस समय सूर्य उच्च का था। सूर्य की कलाएं बारह होती है। द्वादशात्मक आदित्य

विभिन्न द्वादश संक्रांन्तियों के भेद में जगत् प्रसिद्ध है। इन बारह कलाओं से बारह सौर मासों का निष्पत्ति होती है। अत: भगवान श्रीराम सूर्यवंश के सम्पूर्ण प्रतिनिधि के रूप में प्रकट हुए। सूर्य समय की मर्यादा में रहता है, ठीक समय पर उदित व अस्त होता है, अत: भगवान श्रीराम मर्यादा पुरुषोत्तम द्वादश कला अवतार कहलाए।

इसके बिलकुल विपरीत यादवेन्द्र श्रीकृष्ण का जन्म भाद्रकृष्ण अष्टमी रोहिणी नक्षत्र अंधेरी रात को ठीक 12 बजे 'वृषभलग्न' के अंतर्गत हुआ। अष्टमी का चंद्रमा पूर्णबली कहा गया है। मध्य रात्रि में चंद्रमा पूर्ण यौवन पर होता है। ज्योतिष शास्त्रानुसार चंद्रमा की कलाएं 16 होती हैं। प्रतिपदा के एक कला उदित होती है। तथा पूर्णिमा को षोडशकला पूर्ण दीख पड़ती है। रोहिणी चंद्रमा की पत्नी है। यहां चंद्रमा हर्षित रहता है तथा उच्च पर रहता है। ऐसे ही काल में चंद्रवंशी होने के कारण भगवान श्रीकृष्ण चंद्रवश के सम्पूर्ण प्रतिनिधि के रूप षोडशकला अवतार के रूप में प्रकट हुए।

प्र. 165 : मूर्ति-पूजा क्यों?

उत्तर : उपासना की पांचवीं श्रेणी मूर्तिपूजा है। चंचल मन को चारों ओर से रोक कर एकाग्र करने का एकमात्र उपाय है–मूर्तिपूजा। वैदिक काल से ही मूर्ति-पूजा का विधान है। शास्त्रों में कहा गया है–

''मनोधृतिर्धारणा स्यात्, समाधिब्रह्मणि स्थितिः।
अमूर्तो चेत्स्थिरा न स्यात्ततो मूर्ति विचिन्तयेत्॥''

मन की धृति को धारणा कहते हैं। ब्रह्म में स्थित हो जाने का नाम समाधि है, परंतु यदि बिना मूर्ति मन स्थिर न हो तो मूर्ति की आवश्यकता पड़ती है। ज्ञान की कोटि में पहुंचने के लिए साधक मन: जब तक सुस्थिर न हो सके, तब तक मूर्तिपूजा के अतिरिक्त अन्य कोई मार्ग ही नहीं है जिसके द्वारा मन को वश में किया जा सके।

इतना ही नहीं, मनोवैज्ञानिक कहते हैं कि भावना को उभरने के लिए चित्र (मूर्ति) की आवश्यकता पड़ती ही है।

मान लीजिए एक व्यक्ति के हाथ में तीन स्त्रियों के चित्र हैं। एक उसकी माता का, दूसरा बहन का, तीसरा पत्नी का। वह व्यक्ति जो-जो चित्र देखेगा। वैसी-वैसी भावना उसके मन में क्रमश उभरेगी। मां का चित्र देखकर उसमें ममत्व वात्सल्य दौड़ उठेगा, बहन को देखकर उसके प्रति कर्तव्य की भावना, स्नेह की भावना उभरेगी, पत्नी की चित्र देखकर प्रेम-स्नेहालिंगन की भावना प्रगाढ़ हो उठेगी।

एकलव्य ने भी द्रोणाचार्य की मिट्‌टी की प्रतिमा बनाकर उक्त भाव से उसका पूजन किया जिसके प्रताप से वह बाण-विद्या में अर्जुन से अधिक निपुण हो गया। बालक ध्रुव ने नारद जी के उपदेश से मूर्ति बनाकर पूजा की, मात्र छः माह में मूर्ति के माध्यम से साक्षात् ईश्वर के दर्शन हो गए।

सनातन हिन्दू धर्म ही नहीं संसार के प्रत्येक धर्म में मूर्तिपूजा का प्रचलन है। ईसाई लोग पवित्र 'क्रॉस' की पूजा करते हैं। मुसलमान भाई मक्का शरीफ में 'संगे असबद' को चूमते हैं। कब्र (दरगाह) पर फूल-मालाएं चढ़ाते हैं सिख 'गुरुग्रंथ साहब' की पूजा करते हैं।

अतः निर्गुण निराकार का ध्यान किया जाता है तथा सगुण साकार की प्रतिमा द्वारा उपासना करना न्यायसंगत ही है।

प्र. 166: हिन्दू लोग आरती-पूजा, कथा-व्रत, धार्मिक अनुष्ठानों में शंख फूंकते हैं। शंख बजाने में क्या वैज्ञानिकता है?

उत्तर : अथर्ववेद कहता है-

1. शंखेन हत्त्वा रक्षांसि

—अथर्ववेद 4/10/2

यजुर्वेद कहता है-

2. अवरस्पराय शंखध्वम्

—यजुर्वेद 30/19

3. यस्तु शंखध्वनिं कुर्यात्पूजाकाले विशेषतः।
वियुक्तः सर्वपापेन विष्णुनान सह मोदते।।

—रणवीर भक्ति-रत्नाकर स्कन्दे

अर्थात् 1. शंख से सब राक्षसों का नाश होता है। 2. युद्ध में शत्रुओं का हृदय दहलाने के लिए शंख फूंकने वाला व्यक्ति अपेक्षित है, 3. पूजा के समय जो व्यक्ति शंख-ध्वनि करता है, उसके सारे पाप नष्ट हो जाते हैं, भगवान विष्णु के साथ आनन्द करता है।

इन सब धार्मिक मान्यताओं के पीछे वैज्ञानिक रहस्य छिपे हैं। विज्ञानवेत्ता मानते हैं कि शब्द की प्रगति में सूर्य किरणें बाधक हैं अत: प्रात:-सायं सूर्य किरणें जब निस्तेज होती हैं तब ही शंख फूंकने का विधान है। एक बार शंख फूंकने पर, जहां तक ध्वनि जाती है, वहां तक अनेक बीमारियों के कीटाणुओं के हृदय दहल जाते हैं और वे मूर्च्छित हो-होकर नष्ट हो जाते हैं। श्री जगदीशचन्द्र बसु जैसे भारतीय वैज्ञानिकों ने इस क्रिया को यंत्रों द्वारा प्रमाणित भी किया। मूकता और हकलापन दूर करने के लिए शंख शब्द का श्रवण एक महौषधि है। निरन्तर शंख फूंकने वाले व्यक्ति को श्वास की बीमारी, दमा एवं फेफड़ों का रोग कभी नहीं होता। उरुक्षत, दमा, कम्स, छर्दी, प्लीहा, यकृत् और इन्फ्लूएंजा नामक रोगों में शंखध्वनि अत्यन्त लाभप्रद है। नियमित शंख की ध्वनि वायुमण्डल को विशुद्ध बनाने, पर्यावरण को शुद्ध करने में अत्यंत सहायक है।

प्र. 167 : शंख का जल लोगों पर क्यों छिड़का जाता है?

उत्तर : प्राय: नीराजन आरती के पश्चात् शंख में जल भर कर दर्शकों पर छिड़का जाता है। 'ब्रह्मवैवर्त पुराण' के अनुसार शंख में जल भरकर देवस्थान में रखें एवं पुन: उससे समस्त पूजा सामग्री की प्रक्षालन करें। शंख में गंधक, फास्फोरस एवं केल्शियम की मात्रा होती है। इस पर अर्धचंद्राकार चंदन का टीका लगाने से इसमें रखा जल सुवासित हो जाता है। अत शंखस्थ जल के सिंचन से समस्त वस्तु सुवासित एवं रोगाणुरहित होकर शुद्ध हो जाती है।

शंखस्थ जल द्वारा स्नान, शालिग्राम शिला के चरणामृत पान करे तो प्रसूति को कभी भी मूक बालक नहीं होगा। रुक-रुक कर बोलने व हकलाने वाले व्यक्ति को शंख-जल का

नित्य पान करने पर आश्चर्यजनक लाभ होता है।

प्र. 168 : क्या हिन्दू शक्-संवत् वैज्ञानिक है?

उत्तर : वास्तव में देखा जाए तो हिन्दू नवसंवत्सर ही वैज्ञानिक है, इसके अतिरिक्त संसार के जितने भी संवत्सर हैं, वे अभी अवैज्ञानिक एवं अपूर्ण हैं। हिन्दू नववर्ष का प्रारम्भ चैत्र शुक्ल प्रतिपदा से होता है। नये वर्ष का प्रथम दिन होने के नाते यह दिन बड़ा ही महत्त्वपूर्ण है। ब्रह्मपुराण के अनुसार–

''चैत्रेमासि जगद्‌ब्रह्मा ससर्ज प्रथमेऽहनि।''

चैत्र मास के प्रथम दिन ब्रह्माजी ने सृष्टि की रचना की। इतना ही नहीं, सतयुग में चैत्र शुक्ल पक्ष की प्रतिपदा को स्वयं भगवान् विष्णु ने मत्स्य के रूप में अवतार लिया। मत्स्यावतार सृष्टि-सरंक्षक प्रभु द्वारा संसार के परित्राण हेतु लिए गए प्रथमावतार की ऐतिहासिक घटना है, इस घटना की पुण्य स्मृति चैत्र शुक्ल प्रतिपदा है।

चैत्र शुक्ल प्रतिपदा केवल धार्मिक या ऐतिहासिक महत्त्व का दिन नहीं है अपितु इस दिन प्रकृति में नवचेतना का सांगोपांग परिवर्तन होता है। चैत्र शुक्ल प्रतिपदा ऋतुराज वसन्त के आगमन की पहली तारीख होती है। इसके साथ ही सम्पूर्ण भौतिक जगत् में हलचल प्रारम्भ हो जाती है। वृक्ष, लता, वनस्पति, औषधि, जल आकाश, वायुमण्डल सभी में परिवर्तन होने लगता है, मानव शरीर में नवीन रक्त का संचार होता है।

ईस्वी सन् गणना तथा तारीखें नितान्त अवैज्ञानिक–ईस्वी सन् गणना का आकाशीय पिण्डों व ऋतुओं से कोई संबंध नहीं। जनवरी को प्रकृति में कुछ भी परिवर्तन नहीं होता। इन्हें एक के बाद दो, दो के बाद तीन–इस गणना का ही ध्यान है। रविवार के बाद सोमवार ही क्यों आता है? सोम के बाद मंगलवार क्यों? वार कैसे बने? इनका इन्हें कोई ज्ञान नहीं? भारतीय ज्योतिष का विद्यार्थी इन सब रहस्यों को जानता है क्योंकि वारों का नामकरण भारतीय ज्योतिषियों ने ग्रहों के आधार पर उनके परिक्रमा-पथ व प्रभाव को देख कर किया?

भारत के पूर्व प्रधानमंत्री श्रीमोरारजी देसाई पर

मुसीबत–ईस्वी सन् के हिसाब में जन्मदिवस मनाने के लिए श्री मोरारजी देसाई पर मुसीबत का पहाड़ टूट पड़ा क्योंकि उनका जन्म 29 फरवरी का था। 29 फरवरी वापस आने के लिए उन्हें पूरे तीन वर्ष तक का इंतजार करना पड़ता था। क्योंकि ईस्वी सन् तीन सौ पैंसठ दिन, पांच घंटे, बावन मिनट और 45 सेकंड का होता है। सो तीन वर्ष तक तो प्रतिवर्ष तीन सौ पैसठ दिन का फर्ज किया जाएगा, पर चौथे वर्ष फरवरी महीने की 29वीं तारीख बढ़ाकर (लीप ईयर कहकर) तीन सौ छियासठ (366) दिन फर्ज कर लिया जाएगा। गणित के इस झमेले को भी देखें कि क्या 5 घंटे 52 मिनट और 45 सेकेंड को चार से गुणा करने पर 24 घंटे का पूरा दिन बन पाएगा? नहीं, इसमें भी उनकी ही गणना से सवा सात मिनट का अंतर रहेगा। इस कमी (अंतर) के कारण ईस्वी सन् गणना आगे-पीछे चलती रहती है।

ईस्वी सन् की इस गड़बड़ के कारण बेचारे मोरारजी देसाई अपने जीवन के 60 जन्म दिवरा नहीं मना पाए क्योंकि 29 फरवरी उनके जीवनकाल में 60 बार आई ही नहीं? यह विकृत नमूना ईस्वी सन् की पोल खोलने के लिए पर्याप्त है।

एक दिन लम्बी-लम्बी डींगे मारने वाले एक पढ़े-लिखे पादरी साहब मिल गए–बोले, हमारी अंग्रेजी तारीखों में एक सिस्टम है। यह हिन्दी तिथियां चंद्र-सूर्य की दूरी के हिसाब से घटती-बढ़ती हैं। पूर्णिमा व अमावस्या का अयान्तकाल तिथियों की घड़ियों का मिनट, सेकंडों तक की मिलान होता है। हमारी तिथियां वैदिक विज्ञान-आकाशीय गणनाओं पर आधारित हैं। हम डंके के साथ कह सकते हैं कि अमावस्या को ही सूर्य ग्रहण होगा। चंद्र ग्रहण हमेशा पूर्णिमा को ही होगा, आगे-पीछे नहीं। क्या आप कोई ऐसी निश्चित अंग्रेजी तारीख बता सकते हैं कि अमुक तारीख को अमुक ग्रहण इस कारण से होगा? हमारे गांव का कोई भी व्यक्ति आकाश में चंद्रमा को देखकर तिथि व माह बता सकता है। क्योंकि हमारा ज्ञान परमात्मा की सत्य विद्या पर आधारित है। क्या आपका कोई व्यक्ति आकाश देखकर कार्य-कारण संबंध स्थापित करके यह बता सकता है कि आज अमुक अंग्रेजी महीने की अमुक तारीख होनी चाहिए? पादरी साहब

बगले झांकने लगे। मैंने कहा–क्या आप बता सकते हैं कि समुद्र में ज्वार-भाटा कौन-कौन-सी तारीख को आएगा और क्यों आएगा।

भारतीय संवत् गणना में हर तीसरे वर्ष के बाद अधि मास आता है। यह वैज्ञानिक तकनीक के कारण ऋतुओं का शुद्धिकरण हो जाता है। आज हजारों-हजारों वर्ष हो गए परन्तु वसंत ऋतु हमारे चैत्र और वैशाख में ही वृक्षों में नव पल्लवों को अंकुरित करेगा। ज्येष्ठ और आषाढ़ मास में ही सूर्य तपेगा। श्रावण और भादों मे ही वर्षा होगी। आश्विन व कार्तिक में ही शुभ्र ज्योत्स्नामय चंद्रमा वनौषधियों में रस भरेगा। मार्गशीर्ष और पौषमास में कड़कड़ाती सर्दी पड़ेगी, माघ और फाल्गुन में ही पतझड़ प्रारम्भ होगी। ऋतुओं का इतनी वैज्ञानिकता की सूझ-बूझ कहीं नहीं है। हमारी तिथि वृद्धि, तिथि क्षय अप्रमाणिकता होते तो प्रकृति हमारा साथ कभी नहीं देती।

एक बार मैं जोधपुर से दिल्ली मेल में जा रहा था। वे पादरी साहब मेरे सामने ही बर्थ पर मिल गए। इस बार वे बड़े सावधान थे। इधर-उधर की कोई बात न छेड़ कर वे सो गए। आधी रात को ट्रेन के झटके से अचानक नींद खुलने पर मैं पूछ बैठा–कितने बजे? पादरी साहब झट घड़ी देखने के लिए संदूक खोलने लगे, बोले–टाइम देखता हूं, यदि रात के बारह बज गए हों तो तारीख भी बदल जाएगी। काफी देर देखते रहने पर मैंने फिर पूछा–हां जी, बताया नहीं आपने? कहने लगे–क्या बताऊं पंडित जी, घड़ी बंद है, जरा वक्त का पता चले तो तारीख का भी पता चले।

अब हमारा ज्योतिषीय मस्तिष्क क्रियाशील हो उठा, मैंने पूछा–क्यों पादरी साहब। रात के बारह पृथ्वी के प्रत्येक प्रदेश में एक ही समान समय पर बजे हैं? कलकत्ता में जब दिन के बारह बजते हैं तो जापान 'टोकियों' में सायंकाल के तीन बजे हैं। लंदन में प्रात: के 6 बजते है और अमेरिका के न्यूयार्क में आधी रात के पश्चात् सवा बजता है। कलकत्ता में जब बारह बजेंगे तो पाकिस्तान, हैदराबाद में साढ़े दस बजेंगे। अकेले अमेरिका में दस प्रकार के टाइम जोन हैं। ऐसी स्थिति में रात के 12 बजे कहां-कहां तारीखें बदलोगे? पादरी साहब ने तौबा

मान ली तथा तारीखें बदलने की अवैज्ञानिकता स्वीकार की और माना कि हिन्दू मान्यताओं के अनुसार सूर्योदय के साथ ही तद्देशों में दिन का प्रवेश पूर्णतः प्रकृति प्रदत्त एवं वैज्ञानिक है।

हिजरी सन् भी पूर्णतः गलत एवं अवैज्ञानिक—मुसलमान भाइयों की वर्ष-गणना प्रायः चंद्रमा पर आधारित है। मौलाना साहब से पूछिए कि आज कौन-सी तारीख है? तो वे आकाश की ओर ताकने लग जाएंगे और कहेंगे कि यदि आज चांद दीख गया तो कल पहली हो जाएगी? मैंने पूछा—यदि बादल छा जाने के कारण चंद्रोदय का निश्चय न हो पाया तब?

"तब किसी बड़े शहर को तार देकर, टेलीफोन करके पूछेंगे, सभी जगह बादल थोड़े ही होंगे।"

मैंने प्रति प्रश्न किया—यदि तुम्हारा कोई इस्लामपरस्त व्यक्ति ध्रुव प्रदेश में रहता हो जहां कि छः-छः मास तक चंद्र-सूर्य के दर्शन नहीं हो पाते, वहां क्या 'ईद' नहीं हो पाएगी, क्या आधा वर्ष तक रोजों का उपवास चलेगा? मौलाना चुप हो गए।

मैंने फिर प्रश्न किया—मौलाना साहब। आपके ये रोजे कौन-कौन से मौसम में आते हैं जरा यह तो फरमाइये? मौलाना ने कहा—कोई एक मौसम में थोड़े ही आते हैं, हिरवें-फिरवें हर मौसम में आ सकते हैं। मौलाना का यह जवाब भी अवैज्ञानिक रहा।

यह उसका कसूर नहीं क्योंकि वास्तव में हिजरी सन् तीन सौ छप्पन दिन का होता है, जो सौर गणना से प्रायः दस दिन कम रहता है। इस गणना से प्रतिवर्ष दस दिन और हर चौथे वर्ष एक महीने की न्यूनता पड़ जाती है। जिसके कारण हिजरी सन् के रज्जव, शाबान और रमजान आदि महीनों का ऋतुओं से कोई संबंध नहीं हो पाता। मौलाना साहब हिन्दू पंचांग को देखे बिना यह बतलाने में असमर्थ कि मौसमे बहार (बसंत) और मौसमे खिजां (शिशिर) उनके किस महीने में पड़ती है तथा गर्मी, सर्दी और चौमासा किस महीने में आते हैं।

अब प्रबुद्ध पाठक अनुमान लगावें कि हर चौथे वर्ष हिजरी संवत् एक महीना पीछे हटता है एक महीना पीछे हटते-हटते यह हिजरी सन् 1494 वर्ष में अन्यून 29 वर्ष 4

महीने 15 दिन पीछे हट गया। इस हिसाब से गणितागणित स्पष्टीकरण से अभी इसकी चौदहवीं सदी आई नहीं है। इनके ही साहित्य के अनुसार चौदहवीं सदी प्रलयकारिणी सिद्ध होगी। तब शायद यह सन् भी पुरातत्त्ववेताओं के अनुसंधान का विषय बन कर अवशिष्ट रह जाएगा।

वारक्रम की वैज्ञानिकता–सात वारों की गणना के लिए जो पद्धति वेदों में निर्धारित की गयी है, विश्व के सभी राष्ट्र आदि काल से ही उसे मान्यता देते चले आए हैं। उसमें परिवर्तन करने की क्षमता आज तक किसी विज्ञान ने प्राप्त नहीं की, यहां हम उस पद्धति का वर्णन करते हैं।

संसार में पुरुष और प्रकृति के नाते प्रत्येक वस्तु के दो भागों में विभक्त किया गया है। प्रत्येक वर्ष को उत्तरायण एवं दक्षिणायण–दो भागों में विभाजित किया गया है, प्रत्येक वार को दिन और रात–दो भागों में बांटा गया है अर्थात् जिस वार का दिन होता है रात भी उसी वार की मानी जाती है। भारत में सूर्योदय से अगले सूर्योदय तक का समय वार कहलाता है। परन्तु पश्चिमी देशों में दिन, रात्रि बारह बजे के ही बदल दिया जाता है, ऐसा क्यों?

अमुक समय में पृथ्वी अपनी धुरी पर कितनी बार घूम चुकी है, इसका निश्चय करने के लिए हमें भूमंडल पर किसी एक स्थान को मान्यता देनी होती है। वर्तमान समय में वह मान्यता इंग्लैंड में ग्रीनविच नगर को प्राप्त है। अतः सभी राष्ट्र अपने समय की गणना उज्जैन रेखा से किया करते हैं। भारत तथा इंग्लैंड में समय की दृष्टि से 5 घंटे और 30 मिनट का अंतर है। सूर्योदय के समय जब अपने यहां वार परिवर्तन होता है, पाश्चात्य देश भी अपनी वार उसी समय बदल लिया करते हैं। यद्यपि वहां सूर्योदय में बहुत समय शेष रहता है। फिर भी गुरु देश (भारत) को मान्यता देने की दृष्टि से वे लोग ऐसा किया करते थे। वे आज भी रात्रि के बारह बजे वार बदलने की अपनी प्रथा पर अटल हैं।

संस्कृत भाषा में दिन के लिए 'अह' और रात के लिए 'रात्रि' शब्द का प्रयोग किया जाता है, अर्थात् एक दिनरात को 'अहोरात्र' कहते है। ''अहोरात्र'' शब्द के आदि अंत के अक्षरों

को छोड़ देने से संक्षेप में 'होरा' कहा जाता है। पूर्व क्षितिज पर इस समय यदि मेष राशि का उदय है तो कल इसी समय पुनः मेष राशि का उदय होगा अर्थात् एक दिन में बारह राशियों का एक चक्र पूरा हो जाता है। पूर्वार्ध तथा उत्तरार्ध की दृष्टि से प्रत्येक राशि को भी दो भागों में विभाजित किया गया है। इन भागों को भी होरा कहते हैं। इस प्रकार एक अहोरात्र में होरा नामक 26 विभाग माने गऐ हैं।

आकाश में ग्रहों की स्थिति इस प्रकार है–सूर्य का केन्द्र मान कर क्रम में बुध, शुक्र, पृथ्वी, मंगल, गुरु और शनि हैं। सात वारों के नाम भी इन्हीं ग्रहों के नाम पर आधारित हैं–यथा–रविवार, सोमवार, मंगलवार, बुधवार, बृहस्पतिवार, शुक्रवार, शनिवार। पृथ्वी भी एक ग्रह है परन्तु वारों की पंक्ति में उसका कोई स्थान नहीं। कारण यह है कि पृथ्वी, सूर्य, मंगल, गुरु तथा शनि ग्रहों द्वारा प्रसारित सप्त-रश्मियों को ग्रहण करती है, अतः प्राप्तकर्त्ता के नाते पृथ्वी पर पृथ्वी के नाम से कोई वार नहीं होगा। पृथ्वी किस-किस ग्रह से किस-किस कोण पर रश्मियां प्राप्त कर रही है इसका मूल्यांकन पृथ्वी को केन्द्र मान कर ही करना होता है अर्थात् पृथ्वी को रवि का स्थान देना होता है और पृथ्वी तथा रवि की भी परस्पर दूरी पूर्ववत् बनी रहे, इस दृष्टि से रवि को पृथ्वी का स्थान देना होता है।

इस प्रकार जब मंगल ग्रह पर जाकर वार क्रम निर्धारित करना होगा तब मंगल को रवि का स्थान देंगे तथा रवि को मंगल का स्थान देंगे और मंगल ग्रह के नाम से वहां कोई वार नहीं होगा। जब शनि ग्रह पर जाकर वार क्रम निर्धारित करना होगा उस समय शनि को रवि का तथा रवि को शनि का स्थान देंगे और वहां शनि के नाम का कोई वार नहीं रखा जाएगा। यही क्रम अन्य ग्रहों पर भी लागू होता है।

यह तो ठीक है कि पृथ्वी पर पृथ्वी के नाम का कोई वार नहीं होता, परन्तु चंद्रमा के नाम से एक वार अवश्य रखना होगा। वह इसलिए कि ग्रह तो केवल सौर रश्मियों को ही पृथ्वी पर परावर्तित करते हैं परन्तु आकाश स्थित अन्य नक्षत्रों से भी रश्मियों का प्रसार हर समय बना रहता है। चंद्रमा, पृथ्वी के

निकटस्थ होने के कारण उन रश्मियो को पृथ्वी तक पहुंचने नहीं देता अतः पृथ्वी के स्थान पर एक दिन चंद्रमा के नाम से सोमवार रखा गया है।

पृथ्वी पर वार क्रम के रखने की दृष्टि से पृथ्वी को रवि का तथा रवि की पृथ्वी का स्थान दिया गया है। चंद्रमा पृथ्वी का ही उपग्रह है अतएव पृथ्वी कहीं भी रहे—चंद्रमा को उसके साथ ही स्थान देना होता है। इसके अनुसार ग्रहों की स्थिति इस प्रकार से बन जाती है—चंद्रमा सहित पृथ्वी से आरम्भ होकर पहले बुध, उसके आगे शुक्र फिर रवि और रवि के आगे क्रमशः मंगल गुरु तथा शनि हैं। इस क्रम के अनुसार प्रातः सूर्योदय से आरम्भ होकर एक-एक ग्रह की एक-एक होरा मानी जाती है। दूसरे दिन सूर्योदय के समय जिस चौथे ग्रह की होरा आएगी वह वार उस ग्रह के नाम पर होगा। यह क्रम बाहर से केन्द्र की ओर चलता है।

मानिए, आज रविवार है तो पहली होरा रवि से आरम्भ होकर दूसरी होरा शुक्र की, तीसरी होरा बुध की, चौथी सोम की, पांचवीं शनि की, छठी बृहस्पतिवार की, सातवीं मंगल की, और आठवीं फिर रवि की होगी। इस प्रकार 15वीं तथा 22वीं फिर रवि की होगी। अतः रविवार से अगले दिन सोमवार होगा। अब सोमवार से आरम्भ होकर पहली, आठवीं, पंद्रहवीं तथा 21वीं होरा फिर सोम की आएगी। 23वीं शनि तथा चौबीसवीं गुरु की होकर अहोरात्र समाप्त हो गया। तब तीसरे दिन प्रातः मंगल की होरा होगी, अतः वह मंगलवार कहलाएगा। इसी क्रम से सातों बार गिन लीजिए, व्यवस्था ठीक उतरेगी। यह ठीक है कि तिथि तथा नक्षत्र की भांति वार-क्रम प्रत्यक्ष नहीं देखा जा सकता किन्तु वह है ग्रह संस्थान के अनुसार सुव्यवस्थित।

चन्द्रमा को देखकर तिथि बताना—चंद्रमा हर रात को एक जैसा नहीं दीखता, बल्कि अपनी आकृति बदलता रहता है। इन अलग-अलग आकृतियों को ''कलाएं'' कहते हैं। चंद्रमा की कलाओं पर आधारित ''देशी'' तारीख को तिथि कहते हैं। अमावस्या के अगले दिन से पूर्णिमा तक शुक्ल पक्ष की प्रथमा (1) द्वितीया, (2).... पंचदशी (15) तक तिथियां रहती हैं और उसके बाद फिर अमावस्या तक कृष्ण पक्ष की 1 से 15 तक तिथियां होती है।

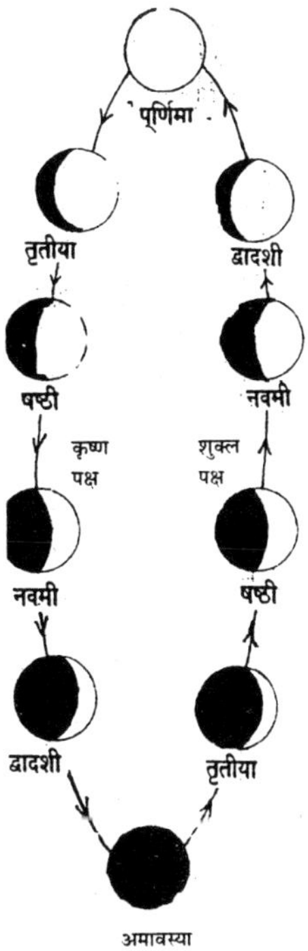

चन्द्रमा की कलाएं

यह प्रकल्प एक मास का है। इसे साफ मौसम में शुक्ल पक्ष की द्वितीया (दूज) या तृतीया (तीज) को शुरू करना चाहिए, क्योंकि पहली एक-दो रातों में चांद आसानी से दिखाई नहीं देता।

क. रात में सूर्यास्त के एक-दो घंटे बाद का कोई समय निश्चित कर लो, जैसे आठ बजे (गर्मियों में) या सात बजे (सर्दियों में)। प्रतिदिन उसी समय आकाश में चंद्रमा को खोजो और अपनी कॉपी में उसकी आकृति बनाओ। साथ में दिनांक और तिथि भी लिखो। इसी प्रकार पूर्णिमा (या उसके एकाध दिन बाद) तक आकाश में देख-देख कर चित्र बनाते जाओ। पृष्ठ के ऊपर अपना स्थान (नगर या जिला), देखने का समय और देशी महीने का नाम लिखो।

ख. जब कृष्ण पक्ष आ जाएगा तो चंद्रमा रात में उदय होगा। अतः तुम सुबह सूर्योदय के आसपास का कोई समय चुन लो। पहले की भांति प्रतिदिन चंद्रमा की आकृति बनाते जाओ और साथ में दिनांक और तिथि भी अंकित करते जाओ।

ग. शुक्ल पक्ष में तीज के चंद्रमा को ध्यान से देखो। हंसुए जैसा पतला है, पर क्या इसकी **पूरी गोलाई** हल्की दिखाई नहीं देती?

घ. अपनी कॉपी में आधा वृत्त बनाओ। यह आकाश में चंद्रमा का रास्ता है जो पूर्व से पश्चिम तक फैला है। अब ऊपर के निर्देश के अनुसार प्रतिदिन आकाश में चंद्रमा को देखो। यह भी ध्यान दो कि वह आकाश में कहां है–पूर्व की ओर या पश्चिम की ओर? कितना ऊपर? आधे वृत्त में प्रतिदिन सही स्थान पर चंद्रमा की आकृति बनाओ, साथ में दिनांक और तिथि लिखो। इस प्रकार शुक्ल पक्ष और कृष्ण पक्ष के दो अलग-अलग चित्र बनेंगे।

प्र. 169 : क्या पुनर्जन्म वैज्ञानिक है?

उत्तर : भौतिक विज्ञान का एक सूत्र है–'पदार्थ शाश्वत है' (Matter is eternal) कोई भी वस्तु कभी नष्ट नहीं होती, परिवर्तित होती है। उदाहरणार्थ जैसे वृक्ष सैकड़ों वर्ष बाद लकड़ी में परिवर्तित हो जाएगा, लकड़ी जल कर कोयला बन जाएगी, कोयला राख में परिवर्तित हो जाएगा, राख वायु के साथ उड़कर कण-कण में बिखर जाएगी। हमको दिखलाई भी नहीं देगी। पर वैज्ञानिक मानते हैं कि वृक्ष नष्ट नहीं हुआ। वह सूक्ष्म रूप से परिवर्तित होकर उन कणों में विद्यमान है जो हमें दिखलाई नहीं दे रहे हैं। इसी तरह संसार की कोई भी वस्तु नष्ट नहीं होती, वह समय-काल व परिस्थिति के परिणाम से परिवर्तित होती रहती है। विज्ञान का यह तर्क आत्मा की अमरता के साथ-साथ पुनर्जन्म को प्रामाणिकता को भी स्पष्टतः पुष्ट करता है।

विज्ञान का सबसे प्रबल व पुष्ट आधार है--'कार्य-कारण संबंध'। यदि कार्य-कारण संबंध स्थापित नहीं होता तो कोई वस्तु विज्ञान की श्रेणी में नहीं आती। बिना कारण के कोई कार्य नहीं होता। मानव के समाज में हम देखते हैं कि कोई ज़न्म से

अन्धा, कुष्ठ व रोगी है तो कोई सर्वांग सुन्दर व हृष्ट-पुष्ट है। कोई दीन-हीन दरिद्र तो कोई जन्म से नृपतुल्य ऐश्वर्य को भोग रहा है। किसी को अल्प प्रयास से ही बहुत लाभ हो रहा है तो किसी को बहुत मेहनत व कठोर परिश्रम करने पर भी कुछ भी प्राप्त नहीं हो रहा है। समान प्रयत्न करने पर भी फलों की वैषम्यता यह स्पष्ट बताती है कि मनुष्य केवल कर्म करने में ही स्वतंत्र है, उसको फल देने वाली शक्ति कोई और है।

कर्म-सिद्धांत के अनुसार शुभकर्म का शुभफल मिलना चाहिए तथा अशुभकर्म का अशुभफल मिलना ही चाहिए। परन्तु ऐसे अनेक उदाहरण मिल जाएंगे कि नित्य ईश्वरोपासना करने वाला, यम-नियम, व्रत-उपासना करने वाला सद्‌गुणी व्यक्ति नित्य दु:खों व अभावों में जी रहा है। परन्तु अनाचार, पापाचार करने वाला मद्य-मांस सेवी नास्तिक आचार-विचारों कई कारणों से पापी व्यक्ति पुण्यफलों को प्राप्त कर रहा है तथा सदाचारी सद्‌गुणी व्यक्ति अशुभफलों को प्राप्त कर रहा है? बिना कोई कर्म किए ही भिन्न-भिन्न प्रकार के फल क्यों मिल रहे हैं? समान उपादान कार्य व कारण के होते हुए भी उसके परिणामों में वैषम्यता क्यों है? जन्मजात वैषम्यों के मूल कारणों का उत्तर किसी के पास नहीं? फलत: सभी समुदायों, धर्मों व मानव सभ्यताओं का हिन्दू धर्म की मान्यताओं के मूलभूत आधार कर्मविपाक सिद्धांत पर आधारित 'पुनर्जन्म' की वैज्ञानिकता में विश्वास करने के लिए बाध्य होना पड़ता है।

वैज्ञानिक कसौटी पर किसी बात को प्रमाणित करने का अंतिम चरण होता है, 'दृष्टान्त' (Example) लोक व्यवहार में पुनर्जन्म को प्रमाणित करने के अनेक दृष्टान्त देश-विदेशों में मिले हैं। इनमें सबसे विलक्षण है 'गीताप्रेस' गोरखपुर से प्रकाशित 'परलोक और पुनर्जन्म' नामक दो हजार पृष्ठों में प्रकाशित कल्याण का विशेषांक जिसमें चित्र नाम व पतों सहित ऐसे सैकड़ों दृष्टांत प्रकाशित किए हैं जो पुनर्जन्म की घटना को इस जन्म में पुष्ट कर रहे हैं। आज का विज्ञान 'गीता' कि इस बात को प्रमाणित कर चुका है कि जिस प्रकार मनुष्य पुराना वस्त्र त्याग कर नया वस्त्र पहनता है ठीक उसी प्रकार से मनुष्य मरने पर आत्मा का पुराने आवरण को त्याग कर नया शरीर

धारण करती है। एक विदेशी विद्वान् ने नामक Life after death पुस्तक में भी पुनर्जन्म से संबंधित अनेक उदाहरणों को सटीक व्याख्याओं के साथ प्रस्तुत किए हैं।

प्र. 170 : क्या कर्म फल अवश्य भोगने पड़ते हैं?

उत्तर : यह अकाट्य सत्य है कि बिना मूल कारण के संसार में कुछ भी नहीं होता। नानाविध योनियों में जीव नानाविध देह, देहधारणार्थ नानाविध खान-पान। मानव समाज में कोई जन्मजात अन्धा व कुष्ठ तो कोई सर्वाङ्ग सुन्दर व हृष्ट-पुष्ट है। कोई दीन-हीन, दरिद्र तो कोई जन्म से नृपतुल्य ऐश्वर्य को भोगता है। कोई स्वल्प आयु को भोगता है, कोई लम्बी उम्र में भी स्वस्थ दिखलाई दे रहा है। कोई आजीवन कुंआरा ही मर गया तो कोई पुरुष अनेक स्त्रियों के ऐश्वर्य को भोग रहा है? आखिर यह सब भेद क्यों?

पुनर्जन्म और कर्म-विपाक सिद्धांत में विश्वास न रखने के कारण अहिन्दू सम्प्रदायों के पास इन जन्मजात वैषम्यों के मूल कारण का कोई उत्तर नहीं है। यह सब पिछले जन्मों के कर्मों का फल है जो मनुष्य को भोगना ही पड़ता है। कर्म-विपाक का सिद्धांत कहता है–

'नाभुक्तं क्षीयते कर्म कल्पकोटि-शतैरपि'

चाहे सौ करोड़ कल्प ही क्यों न बीत जाए परन्तु बिना भोगे कभी कर्म नहीं छूटता। जीव कर्म करने में स्वतंत्र है पर तज्जन्य फल भोगने में सर्वथा परतंत्र है।

'योगदर्शन' अध्याय 2, सूत्र 13 बताता है–

'सति मूले तद्विपाको जात्यायुर्भोगिः'

अर्थात् जैसे बीज की विद्यमानता में ही अनुकूल अवसर आने पर अंकूर फूटता है, इसी प्रकार जीवों के प्राक्कृत शुभाशुभ कर्म ही परिपक्व होकर उसे जन्मरूप में अंकुरित करते हैं। जिसके तारतम्य से ही जाति आयु: और भोगों का वैविध्य प्रकट होता है। कहना न होगा कि भोक्ता, भोग्य और भोगावधि–तीन वस्तुओं का जन्मजात विभेद कर्म-विपाक का ही परिणाम है। अत: शुभाशुभ कर्म अवश्य ही भोगने पड़ते हैं। 'बिना भोगे कर्म कभी क्षीण नहीं होते' यह कर्म-विपाक का अटल सिद्धांत है।

प्र. 171 : यदि मनुष्य पूर्वजन्मों का कर्म भोगने के लिए उत्पन्न हुआ है तो फिर यज्ञ, स्तुति, प्रार्थना एवं ईश्वर उपासना से क्या लाभ?

उत्तर : एक शंका यह उठती है कि पिछले जन्म में जो कुछ किया वह हम भोग रहे हैं। अब तो बुरा-भला करेंगे, भविष्य में भोगेंगे। जब हमारे कर्मवियोग को कम-ज्यादा करने में ईश्वर का कोई हस्तक्षेप नहीं रहा। हम स्वयं अपने भाग्यविधाता हैं, तब ऐसे में हम ईश्वर को क्यों मानें? यज्ञ-स्तुति, प्रार्थना, उपासना, ध्यान, धारणा, समाधि की क्या आवश्यकता रह जाती है।

प्र. 172: हमारे सत्कर्मों की विद्यमानता में जो ईश्वर कुपित होकर हमारा बाल भी बांका नहीं कर सकता तथा दुष्कर्मों की विद्यमानता में जो सर्वशक्तिशाली ईश्वर प्रसन्न होकर भी हमारा कुछ भला नहीं कर सकता, ऐसे भगवान की हम दुनियादारों की क्या आवश्यकता? भला स्वयंवरा को नपुसंक पति चुनने में क्या लाभ?

उत्तर : निर्बल व्यक्ति आत्मरक्षा की आशा से बलवान की शरण में जाता है तथा निर्धन व्यक्ति आर्थिक आवश्यकता की पूर्ति हेतु धनाढ्य व्यक्ति की शरण में जाता है। मनुष्य योनि अल्पज्ञ व अपूर्ण है जबकि भगवान सर्वशक्तिमान, सर्वज्ञ व सम्पूर्ण है। ऐसे में अभावों के ग्रसित पूर्वकृत, दुष्कर्मों से पीड़ित मनुष्य यदि भगवान् की शरण में जाता है, उसे दुःख दूर करने की प्रार्थना करता है तो यह न्यायोचित ही है। इसमें कुछ विचित्रता नहीं है।

श्रुति कहती है–

'भिद्यते हृदय-ग्रंथिः छिद्यन्ते सर्वसंशयाः।
क्षीयन्ते चास्य कर्माणि यस्मिन्दृष्टे परावरे।।'

–मुण्डकोपनिषद् 2/2/5

आत्मज्ञान द्वारा परमात्मा को साक्षात्कार हो जाने पर समस्त कर्म शुभाशुभ फल सहित नष्ट हो जाते हैं।

श्रीमद्भगवद्गीता में भगवान कृष्ण स्वयं कहते हैं–

'ज्ञानाग्निः सर्वकर्माणि भस्मसात्कुरुते तथा।'

–गीता, अध्याय 4/श्लोक 37

जिस प्रकार प्रज्वलित अग्नि ईंधनों के ढेर को क्षण मात्र में भस्म कर देता है उसी प्रकार से (आत्म साक्षात्कार की) ज्ञानरूप अग्नि (कल्प-कल्पान्तर के संचित) सम्पूर्ण कर्मों को क्षण मात्र में भस्म कर देता है।

प्र. 173 : क्या भविष्य बदला जा सकता है?

उत्तर : जब से संसार बना है तब से मनुष्य में भविष्य जानने की इच्छा जागृत हुई। भविष्य देखने की भिन्न-भिन्न विधायें, भिन्न-भिन्न देश, कला व संस्कृति के कारण भिन्न-भिन्न रूप में परिष्कृत हुई। परन्तु एक समस्या, एक अनबूझा प्रश्न आज भी मानव संस्कृति-सभ्यता के सामने अनुत्तरित खड़ा है? वह यह है कि भविष्य को जान लेने के बाद क्यों भविष्य बदला जा सकता है? यदि भविष्य को बदला नहीं जा सकता तो उसके जानने की सार्थकता ही समाप्त हो जाती है।

अनेक दार्शनिकों, चिंतकों एवं ज्योतिषियों ने अपने-अपने तरीकों से इस प्रश्न का समाधान करने की चेष्टा भी की? नास्तिकों ने ज्योतिष को भाग्यवाद एवं भाग्यवाद को जड़वाद की संज्ञा भी दी। आज ज्योतिष का परिष्कृत एवं वैज्ञानिक स्वरूप लोगों के सामने है। ज्योतिष जड़वाद की संज्ञा से बाहर निकल चुका है। ज्योतिष भाग्यवाद नहीं, प्रत्युत पुरुषार्थवाद की युक्ति-संगत व्याख्या है। आज इस तथ्य को प्रत्येक बुद्धिजीवी जान चुका है, समझ चुका है, परख चुका है। यही कारण है कि अनेक प्रकार के खण्डन-मण्डन एवं विवादों के पश्चात् भी ज्योतिष शास्त्र आज अपनी जगह अक्षुण्ण खड़ा है और ज्योतिष शास्त्र का ज्ञाता आज भी समग्र संसार में आदर का, श्रद्धा का, सम्मान का पात्र बना हुआ है।

कई विद्वानों ने पुरुषार्थ एवं भाग्य को आपस में टकराने की बहुत कोशिश की। नीति-शास्त्र में भी जगह-जगह उल्लेख मिलता है। प्रैक्टिकल जीवन में आपने और हमने कई बार ऐसा देखा एवं अनुभव किया कि बहुत युक्तिसंगत एवं कठोर परिश्रम करने पर उसका फल नहीं मिलता और दूसरी तरफ ऐसे लोग भी हैं जो भी नाम मात्र के परिश्रम से लाखों-करोड़ों रुपये कमा रहे हैं यही कारण है कि अनुभवी लोगों ने कहा–

"समय से पहले एवं भाग्य से अधिक कुछ नहीं मिलता।" (Not before Time and not more than Fate)

इन सबके बीच हमारा प्रश्न फिर वहीं का वहीं खड़ा है? हम किसी की जन्म-पत्रिका देख कर यह जान लें कि इसके पुत्र नहीं होगा या अमुक व्यक्ति जीवन भर दरिद्र रहेगा तो क्या उसका भविष्य बदला जा सकता है? यदि भविष्य बदला जा सकता है तो भविष्य देखने की निश्चितता, दृढ़ता एवं गारंटी की साख खत्म हो जाएगी? एक प्रकार से ज्योतिष का मूल आधार ही हिल जाएगा, उसका महत्त्व ही संदिग्ध हो जाएगा। यह कहना कि हम जन्म कुण्डली देखकर यह बता सकते हैं कि अमुक योगों के कारण अमुक व्यक्ति की यह स्थिति हो जाएगी? इस बात पर प्रश्नवाचक चिह्न लग जाएगा? क्योंकि यदि भविष्य बदला जा सकता है तो अमुक व्यक्ति ने अमुक उपायों से अपना भविष्य बदल दिया होगा। ऐसे में उसके बारे में आपकी की गई भविष्यवाणी गलत निकल जाएगा। क्या भविष्य बदला जा सकता है? यह प्रश्न भी पहले मुर्गी या अण्डा? दिन से पहले रात या रात के बाद दिन निकला की तरह ही पेचीदा है! क्लिष्ट है! खासकर बुद्धिजीवियों के लिए एक सिरदर्द है!

वैज्ञानिक कहते हैं–'A man is born with free will' काफी अंशों में ज्योतिष शास्त्र भी इस बात का समर्थन करता है कि वर्तमान जीवन पूर्व जन्म का प्रतिफल है परन्तु वर्तमान में व्यक्ति कर्म करने के लिए स्वतंत्र है। अमुक व्यक्ति सुबह का खाना दोपहर को खाऐगा या शाम को? वह यहां से दिल्ली ट्रेन से जाएगा, बस से, स्कूटर या हवाई जहाज से? इस पर भविष्यवाणी नहीं की जा सकती। दैनिक व्यवहार की ऐसी अनेक बातें जो मनुष्य की इच्छा-शक्ति पर निर्भर रहती है, भविष्यवाणियां खासकर जन्मकुण्डलियों के कार्य-क्षेत्र के बाहर का विषय है।

नेता यस्य बृहस्पतिः प्रहरणं वजं सुराः सैनिकाः।
स्वर्गो दुर्गमनुग्रहः खलु हरे रैरावणो वारणः॥
इत्याश्चर्यं बलान्वितोऽपि बलभिद्भग्नः परैः संगरे।

तत्व्यक्तं ननु दैवमेव शरणमं धिग्धिगवृथा पौरुषम्।।

जिसका नेता व उपदेशक साक्षात् बृहस्पति हो, वज्र जिसका आयुध हो, सदा अमर रहने वाले देवता जिसके सैनिक हों, स्वर्ग जैसा दुगर्म दुर्ग हो, सकल लोकों के स्वामी हरि (विष्णु) का जिस पर अनुग्रह हो, ऐरावत जैसा दिव्य हाथी जिसका वाहन हो, ऐसा असाधारण बल एवं पुरुषार्थ वाला इन्द्र भी जब युद्ध में दैत्यों से पराजित हो जाता है तब यह मानना पड़ता है कि सब युक्तियां, उपलब्धियां एवं पुरुषार्थ 'भाग्य' (काल) के सामने व्यर्थ हैं।

प्रैक्टिकल जीवन में आपने और हमने कई बार ऐसा देखा एवं अनुभव किया कि बहुत युक्तिसंगत एवं कठोर परिश्रम करने पर उसके फल नहीं मिलता और दूसरी तरफ ऐसे लोग भी हैं जो भी नाम मात्र के परिश्रम से लाखों-करोड़ों रुपये कमा रहे हैं यही कारण है कि अनुभवी लोगों ने कहा–

"समय से पहले एवं भाग्य से अधिक कुछ नहीं मिलता।"

इस बात पर प्रश्नवाचक चिह्न लग जाएगा।

Man could be master of his fate. विश्वविख्यात फ्रांसीसी भविष्यवक्ता माईकल नास्त्रेदमस का मानना था कि भविष्य बदला जा सकता है। भविष्यवाणियों पर शोध करने वाला विख्यात डॉ. एडगर मिट्हेल का कहना है–It is nothing but summision of our decision. अर्थात् मस्तिष्क की वैचारिक तरंगों के बदलने से भविष्य की क्रियाओं को बदला जा सकता है। एक पाश्चात्य विद्वान् ने तो यहां तक कह दिया कि जो परिस्थिति को बदल सकता है, वह अपना भाग्य बदल सकता है। 'योग वाशिष्ठ' के मुमुक्षु प्रकरण के चतुर्थ वर्ग में महर्षि इसी विषय पर चर्चा करते हुए कहते हैं–

द्वौ हुडाविव युध्येते पुरुषार्थौ परस्परम्।
य एव बलवांस्तत्र स एंव जयति क्षणात्।।

अर्थात् पूर्व जन्म और इस जन्म के कर्म रूपी दो भेड़े आपस में लड़ते हैं। उसमें जो बलवान् होता है वह विजयी हो

जाता है। उदार स्वभाव और सदाचार वाले इस जगह मोहक दैव (भाग्य के चक्र) से वैसे ही निकल जाते हैं जैसे पिंजरे से सिंह। पौरुष का फल हाथ में रखे गए आंवले के समान स्पष्ट है। प्रत्यक्ष को छोड़कर देव के मोह में निमग्न लोग मूढ़ हैं। जो आलसी प्राप्त साधनों व अवसरों का सदुपयोग न करके केवल दैव-दैव को ही नौकर की भांति अपने सब कार्य कर डालने को पुकारता है वह 'देवबल' का अपमान ही करता है। रोग निवृत्ति के लिए जैसे विधिवत् औषधिसेवन और पथ्य दोनों आवश्यक है, इसी प्रकार कार्य-सिद्धि के लिए दैवी बल का आश्रय और सिरतोड़ पुरुषार्थ दोनों ही साथ-साथ परम आवश्यक है।

और भी कहा है—भोजन करने वाला तृप्त होता है, चलने वाला पहुंचता है, वक्ता बोलता है और अकर्मण्य कुछ नहीं करता केवल भाग्य को दोष देता है, इसलिए पौरुष ही श्रेष्ठ है। यदि दैव ही कर्ता-धर्ता है तो प्रत्यक्ष से क्या प्रयोजन? अंत में वे सबसे महत्त्वपूर्ण श्लोक में गूढ़ रहस्य को स्पष्ट करते हैं—

दोषः शाम्यत्यसंदेहं प्राक्तनद्योतनैर्गुणैः,
दृष्टान्तो ह्यस्तनस्यात्र दोषस्याद्दुर्गुणैः क्षयः।
न गन्तव्यमनुद्योगैः साम्यं पुरुषगर्दभै,
उद्योगस्तु यथाशास्त्र लोक-द्वितीय-सिद्धये॥

अर्थात् इस जन्म के गुणों से पूर्व जन्म का दोष निःसंदेह नष्ट हो जाता है, जैसे उपवास करने से अजीर्ण का नाश हो जाता है। निकम्मे व निरुत्साही लोग गधे से भी निकृष्ट हैं। 'उद्योगस्तु तथा शास्त्र', किन्तु शास्त्र के वचनों के अनुसार उद्योग करने से इस लोक और परलोक दोनों में सिद्धि (सफलता) मिलती है। यहां पर जो 'शास्त्र वचन' शब्द आया है यह बड़ा महत्त्वपूर्ण है। और यही शब्द इस समस्त मूल समस्या का समाधान भी है।

भारतीय वाङ्मय में धर्म-अर्थ-काम-मोक्ष और पुरुषार्थ इन चारों श्रेणियों में विभक्त हैं। धर्म के अर्थ खा गया, काम-मोक्ष में भी लिप्त है। अत इन मान-दण्डों की आज के युग में विशेष सार्थकता नहीं रह गई है। मेरे अनुभव में आज के पुरुषार्थ को केवल तीन श्रेणी में ही बांटा जाना चाहिध। अधम,

मध्यम व उत्तम।

1. अधम पुरुषार्थ वह होता है, जहां व्यक्ति अपनी शक्ति का, ईश्वर प्रदत्त बुद्धि का दुरुपयोग करता है एवं मानव जाति का शत्रु बन जाता है। रावण, कंस, जयद्रथ व जयचन्द्र आदि इसी श्रेणी में आते हैं एवं तथाकथित वैज्ञानिक जो कि मानव जाति के विनाश हेतु अणु बम जैसे घातक अस्त्र-शस्त्र बनाते हैं वे भी इसी श्रेणी में ही आते हैं।

2. मध्यम श्रेणी का पुरुषार्थ वह होता है जिसमें व्यक्ति दूसरों का बुरा न चाहते हुए केवल अपनी उन्नति की बात सोचता है। भौतिक उपलब्धियों की ओर अभिमुख होता हुआ तत्काल लाभ पर उसकी दृष्टि रहती है। इहलोक, परोपकार, परलोक, ईश्वर एवं ईश्वर तुल्य ऋषि प्रणीत शास्त्रों में इसकी निष्ठा नहीं होती। आज के तथाकथित नास्तिक, चार्वाक एवं प्रत्येक बात को आत्मकेन्द्रित होकर शंका की दृष्टि से देखने वाले लोग इसी श्रेणी में आते हैं।

3. उत्तम श्रेणी का पुरुषार्थ शास्त्र वचनों की मर्यादा से आबद्ध, महापुरुषों के आशीर्वाद से युक्त एवं समष्टि चिंतन से अनुबंधित होता है। मन के सुसंस्कृत संस्कारों से ही उत्तम पुरुषार्थ की निष्पत्ति होती है। भगवान् श्रीराम, महर्षि वाल्मीकि, वसिष्ठ, आद्यशंकराचार्य आदि उत्तम पुरुषार्थ के अनुपम उदाहरण हैं।

अब एक उदाहरण लें। स्त्री-पुरुष के संयोग से संतान की उत्पत्ति होती है, यह एक सर्वविदित तथ्य है। संयोग के बाद भी संतान के न होने पर, रक्त टेस्ट, शुक्राणुओं के टेस्ट एवं समुचित मेडिकल उपचार के बाद भी संतान न होने से, प्रथम व द्वितीय श्रेणी के पुरुषार्थ निष्फल हो जाते हैं। इसके बाद ही लोग अध्यात्म व ज्योतिष की शरण में जाते हैं। संतानहीन योगों की निवृत्ति हेतु ज्योतिष शास्त्र रुद्राभिषेक, लक्षचण्डी प्रयोग एवं पुत्रेष्टि यज्ञ का प्रावधान देता है। धर्मशास्त्र के ये अनुष्ठान उत्तम पुरुषार्थ की श्रेणी में आते हैं। अयोध्यापति महाराज दशरथ ने ऐसा ही धार्मिक अनुष्ठान किया। पुत्रेष्टि-यज्ञ के उस क्षीर भोजन से महाराजा दशरथ को श्रीराम जैसे दिव्य पुत्र की प्राप्ति

हुई, यह सर्वविदित तथ्य है। हमारा परिवार पिछली नौ पाढ़ियों से श्रीमाली ब्राह्मणों के कुल गुरु के रूप में प्रतिष्ठित रहा है। ऐसे सैकड़ों प्रैक्टिकल उदाहरण है कि वैदिक अनुष्ठानों के प्रयोग से लोग को मनोवांछित फलों की प्राप्ति हुई है। ऐसा फल जिसके लिए लौकिक पुरुषार्थ पूर्णतः निष्फल व अक्षम हो गए।

एक समान उपादान कारणों व युक्तियों द्वारा समान रूप से किए गए पुरुषार्थ का समान फल होना चाहिए। परन्तु ऐसा नहीं होता। पुरुषार्थवाद की लौकिक सीमायें जहां समाप्त हो जाती हैं, कार्य-कारण संबंधों की वैज्ञानिक सीमाएं जहां समाप्त हो जाती है, ठीक वहीं से अध्यात्म विज्ञान, ज्योतिष विज्ञान की सीमाएं प्रारम्भ होती है जिसे देखने व समझने के लिए चर्म-चक्षु नहीं, दिव्य ज्योति की आवश्यकता होती है। यह भाग्यवाद नहीं, अपितु पुरुषार्थवाद की युक्तिसंगत व्याख्या है।

पुरुषार्थवाद की सीमाओं को ठीक से समझना ही ज्योतिर्विज्ञान की उपादेयता है। ज्योतिर्विज्ञान पुरुषार्थ का शत्रु नहीं। यह व्यक्ति को पुरुषार्थ करने से रोकता भी नहीं है अपितु सही (काल) में सही पुरुषार्थ करने की प्रेरणा देता है। ज्योतिष के इस दार्शनिक पहलू को बहुत कम लोग समझ पाए, यहां तक की स्वयं ज्योतिषी भी नहीं?

कारण-कार्य रूप में परिणत होगा या नहीं, इसका निर्णय किसी एक तथ्य पर आधारित नहीं हो सकता। अनेकानेक अनुकूल परिस्थितियां होने पर ही कारण कार्य में परिणित हो पाता है। इसलिए किसी कार्य का जन्म किसी एक कारण पर निर्भर न होकर कारण समूह पर निर्भर करता है। बीज का वृक्ष में परिणत होना मिट्टी, पानी और हवा जैसे अनेक विधायक तत्त्वों पर और पशुओं द्वारा पदाक्रान्त न होने जैसे निरोधात्मक परिस्थितियों पर अवलम्बित है। उपनिषदों ने इस सब कारणों को सात भागों मे बांटा है। ये सातों कारण मिलकर मनुष्य के सुख-दुःख (भाग्य) का निर्धारण करते हैं। उपनिषद्कार कहते हैं–

काल: स्वभावो नियतिर्यच्छा, भूतानियोनि: पुरुष (इति) चिन्त्या:।
संयोग एषा न त्वात्ययोगाद्, आत्माप्यनीश सुख-दु:ख-हेतो:।।

अर्थात्–1. काल, 2. स्वभाव, 3. नियति, 4. इच्छा, 5. भूत, 6. योनि और 7. पुरुष। आज तक ज्योतिषी इन सात कारणों में मुख्यत: 'काल' का ही विश्लेषण करता रहा, किन्तु काल इन सात तत्त्वों में से केवल एक तत्त्व है, जिस पर हमारे भविष्य निर्भर करता है। ज्योतिषी यदि काल का विचार करने के साथ-साथ शेष छ: तत्त्वों पर भी युक्ति संगत विचार करे तो मेरा विश्वास है–उसकी भविष्यवाणी कभी गलत नहीं होगी। भ्रमण का पुरुषार्थ प्रात:काल ही पूर्ण लाभ दे सकता है, दोपहर को नहीं। यह पुरुषार्थ की **1. कालगत सीमा** है काल के बाद वस्तु के स्वभाव का अध्ययन करना चाहिए। इसके लिए हमें 'मनोविज्ञान' तथा 'तत्त्वज्ञान' की गहराई में उतरना होगा। मैं आज हिन्दी, अंग्रेजी या संस्कृत ही बोल सकता हूं, यूनानी, रूसी या लेटिन नहीं, यह मेरे पुरुषार्थ की **2. स्वभावगत सीमा** है। नियति तत्त्व की समीक्षा के लिए इतिहास का ज्ञान, पिछली घटनाओं की ग्रह-स्थितियों का सर्वेक्षण अनिवार्य है। भविष्य में मैं कुछ भी हो सकता हूं, बालक नहीं? यह पुरुषार्थ की **3. नियतिवादी सीमा** है। इच्छा पुरुषार्थ का चौथा आयाम है। दृढ़-संकल्प एवं पूर्ण इच्छा-शक्ति से असंभव कार्य भी संभव हो जाते हैं। एक विजातीय कीड़ा भ्रमर दंशन के भय एवं निरंतर उसके चिंतन से भ्रमरी का रूप धारण कर लेता है। ईश्वर की अहैतुकी कृपा से कोई भी, कभी भी परमतत्त्व को प्राप्त कर जाता है, यह पुरुषार्थ की **4. इच्छागत सीमा** है। भूत तत्त्व का ज्ञान भौतिक विज्ञान से होगा। जितना ऊंचा कोई चंद्रमा के धरातल पर उछल सकता है, उतना पृथ्वी पर नहीं उछल सकता। यह पुरुषार्थ की **5. भूतगत सीमा** है। अफ्रीकी दम्पत्ति से उत्पन्न होने वाला बच्चा यूरोपीय दम्पत्ति से उत्पन्न होने वाले शिशु के समान गौर वर्ण नहीं हो सकता। यह पुरुषार्थ की **6. योनिगत सीमा** है। इसके लिए जीवविज्ञान का विस्तृत ज्ञान ज्योतिषी को होना ही चाहिए। और इसके बाद अंतिम स्टेज पर है, उसको प्रथम श्रेणी का सर्वोपरि बतलाने की भयंकर भूल कर्मवादी लोग कर रहे हैं। यह वस्तुत: उनके सम्यक् चिंतन का ही अभाव है

जिसको सुधारा जाना चाहिए।

पुरुषार्थ की उपर्युक्त सीमाओं का यह अर्थ नहीं है कि मनुष्य परतंत्र है, स्वतंत्र नहीं? काल मनुष्य को किसी रूप से भी नहीं बांधता। व्यक्ति किसी भी शास्त्र कहीं भी भ्रमण कर सकता है, दोपहर को भी एवं दुर्गन्धपूर्ण स्थानों में भी। पर शास्त्र परामर्श देता है कि मनुष्य को प्रात:काल में प्रकृति के स्वच्छन्द प्रांगण (बाग-बगीचों) में घूमना चाहिए, दोपहर को नहीं। शास्त्र व्यक्तिगत स्वतंत्रता को सही ढंग से उपयोग करने के तरीके बतलाता है। यही कार्य ज्योतिष शास्त्र विज्ञान करता है। ज्योतिष शास्त्र अन्य शास्त्रों की तुलना में सबसे अधिक व महत्त्वपूर्ण कार्य यह करता है कि वह पुरुषार्थ की सीमा को तो बतलाता ही है परन्तु साथ में इन सीमाओं को तोड़ने के लिए उपाय (समाधान) करने का पुरुषार्थ भी सिखाता है। वह बतलाता है–

औषधिमणिमंत्राणां, ग्रह-नक्षत्र-तारिका।
भाग्यकाले भवेत्सिद्धि, अभाग्यं निष्फलं भवेत्॥

किसी भी प्रकार की सांसारिक व्याधि, दु:ख, कष्ट व समस्या को ठीक करने के मात्र तीन उपाय हैं। प्रथम औषध, औषध से ठीक (लागू) न होने पर मणि, रत्न चिकित्सा का विधान है और उसके पश्चात् मंत्र-जप-तप-दान एवं प्रार्थनाएं, हमारे पुरुषार्थ को सीमित करने वाले तत्त्वों को अनुकूल बनाने की क्षमता रखते हैं। किन्तु ऋषि कहते हैं कि ये सभी उपाय अनुकूल समय (भाग्यकाल) में ही सिद्ध होते हैं मनुष्य का अनुकूल (भाग्योदय काल) एवं प्रतिकूल (दुर्भाग्य काल) समय कब आ रहा है? यह विषय शुद्ध रूप से काल गणक ज्योतिष शास्त्र का है। ज्योतिष शास्त्र बतलाता है कि अनुकूल समय (मुहूर्त) में मिट्टी में हाथ डालो, सोना हो जाएगा। प्रतिकूल समय में सोने में हाथ डालो, मिट्टी हो जाएगी।

यदि जड़गत भाग्य ही ज्योतिष में सब कुछ होता तो ज्योतिष शास्त्र कृषि आदि कर्मों में बीज वपन के मुहूर्त, भवन-निर्माण के मुहूर्त, शुभाशुभ कार्यों के प्रारम्भ करने के विविध-विधान, निषेध, संयम व नियमों का समाहार क्यों

प्रस्तुत करता? ज्योतिष का मूल मनोविज्ञान यह है कि पूर्व जन्म के कर्म इस जन्म में भाग्य बन जाते है और शुभ भाग्य की प्राप्ति इच्छा मात्र से नहीं बल्कि उद्यम करने से होती है। यह शास्त्र सब ओर से निराश एवं हताश प्राणी में सही समय पर पुनः कार्य करने की प्रेरणा देकर गजब की आत्म-शक्ति एवं आत्म-विश्वास उत्पन्न करता है। भाग्य और कर्म एक पक्षी के दो पंख हैं और एक रथ के दो चक्र हैं। एक के बिना दूसरे की गति नहीं है। ये एक दूसरे के परस्पर पूरक एवं अन्योनाश्रित संबंध रखते हैं। जो लोग इन्हें एक-दूसरे के विरोधी साबित करने में लगे हैं, उन मूढ़मतियों से प्रत्येक जागरूक नागरिक को सावधान रहना चाहिए।

अब मैं आप सभी का ध्यान सर्वाधिक महत्त्वपूर्ण बात की ओर आकर्षित करना चाहता हूं। भविष्य बदलने की प्रक्रिया ज्योतिष विरोधी प्रक्रिया न होकर ज्योतिष विद्या का मूलभूत अंग है। वास्तव में भविष्य को बदलने की शास्त्रोक्त प्रक्रिया का नाम ही **'ज्योतिष'** है।

उस चिकित्सा शास्त्र के ज्ञान से क्या लाभ जो हमें रोग के लक्षण, उसके प्रभाव व नाम की जानकारी तो दे देता है परन्तु उसका निदान नहीं? समाधान के बिना कोई भी शास्त्र, विज्ञान, अपूर्ण अधूरा ही माना जाएगा। ज्योतिष शास्त्र हमें विभिन्न योगों के लक्षण, उसके प्रभाव, उसके नाम व सुन्दर समाधान को भी बतलाता है। यदि हमें आज के युग के संदर्भ में ज्योतिष की नई परिभाषा देनी होगी तो वह इस प्रकार बनेगी–

''ज्योतिष विद्या वह दिव्य विज्ञान है जो भूत, भविष्य एवं वर्तमान तीनों कालों को जानने-समझने की कला सिखलाता है। साथ ही जिसके माध्यम से हम अपने शुभाशुभ भविष्य को बदलने की क्षमता भी प्राप्त करते हैं।''

अब इस प्रायोगिक (सैद्धांतिक) बात को हम प्रैक्टिकल रूप से समझने का प्रयत्न करते हैं। महर्षि पराशर कहते हैं कि पंचमेश नीच का होकर यदि छठे, आठवें एवं बारहवें स्थान में

हो तो **'पुत्रहीन योग'** बनता है। फिर कहते हैं कि 'प्रयत्नने पुत्रं लभति' अर्थात् उस जातक को पुत्र नहीं होता। किन्तु प्रयत्न करने से पुत्र होगा। अब यह **'प्रयत्न'** शब्द से क्या मतलब? यहां तक समझने की बात है सांसारिक प्रयत्न तो स्त्री-पुरुष कर चुके हैं अब कौन-सा प्रयत्न बाकी रहा। शास्त्र कहते हैं–**'प्रयत्नं त्रिविधा प्रोक्ता'** प्रयत्न तीन प्रकार के कहे गए हैं, जिसका वर्णन मैं पहले कर चुका हूं–औषध, मणि एवं मंत्र-चिकित्सा।

भृगु सूत्रों के माध्यम से महर्षि भृगु कहते हैं कि पंचमेश दु:स्थानों में हो एवं पंचम भाव में राहु हो तो–

''पुत्राभावः सर्पशापात् सुतक्षयः''

–भृगु सूत्र श्लोक 11/पृ. 175

सर्पदोष से संतान का नाश होकर जीवन में पुत्र का अभाव रहता है। हमारे पास जोधपुर में दिनांक 15/6/1958 सायं 4 बजे वृश्चिक लग्न में जन्मा एक जातक आया जिसकी कुण्डली में उपर्युक्त दुर्योग स्पष्ट था। विवाह के बीस वर्ष पश्चात् अनेक दवाओं के करने के बाद भी संतान नहीं हुई। निदान हेतु हमारे यहां आया। हमने 'सर्प योग' की निवृत्ति की, ग्रह शांति प्रयोग के साथ पुत्रेष्टि यज्ञ किया। आज उसकी गोद में एक साल का बच्चा है।

इसी प्रकार शास्त्रकार कहते हैं कि दो पाप ग्रहों के बीच चंद्रमा हो, लग्नेश छठे, आठवें व बारहवें स्थान को प्राप्त हो तो **''स याति यम मंदिरम्''** ऐसा व्यक्ति छोटी अवस्था में परलोक सिधार जाता है। अनेक बार इसी प्रकार की ग्रह-स्थिति से पीड़ित लोग हमारे पास आए। बीमारी से हताश हुए लोग आए, जिनके लिए दवाइयों ने काम करना बंद कर दिया। डॉक्टरों ने कहा अंतिम स्टेज है, अब तो ईश्वर को याद करो।

प्र. 174 : क्या प्रार्थनाओं से राहत मिलती है?

उत्तर : ईश्वर की प्रशंसा में की गई स्तुति, हृदय से निकली हुई भावनात्मक संवेद् का प्रस्फुटन प्रार्थनाओं द्वारा किया जाता है। हर धर्म, हर समुदाय, हर भाषा में मनुष्य ने सर्वप्रभुत्व सम्पन्न परमकृपालु परमात्मा से प्रार्थनाओं के माध्यम से कुछ-न-कुछ

मांगा है और दयालु परमात्मा ने भी कृपा करके अपने भक्तजनों की प्रार्थनाओं को स्वीकार करके उन्हें वांछित वरदान दिए हैं। ऐसे अनेक चमत्कार विश्व की प्रत्येक भाषा व प्रत्येक साहित्य में भरे मिलेंगे।

मंत्रों की दिव्य शक्ति से पापों का क्षय हो, मात्र नितांत साधारण बात है। प्रार्थना-आशीर्वाद अद्भुत चमत्कारी ढंग से काम करते हैं यहां तक की मरे हुए व्यक्ति को भी जीवित करने के दृष्टान्त संत तुलसीदास एवं गुरुनानक देव के जीवन में मिलता है। जीवन में भी ऐसे प्रत्यक्ष अनुभव आए कि डॉक्टरों ने मरीज को लाइलाज घोषित कर दिया तब हमनें दवाइयां छुड़वा दीं, 'महामृत्युंजय' के प्रयोग किए। ईश्वर की कृपा से आज वे जीवित हैं। कई लोग ऐसे भी हैं जिनकी बीमारी मंत्रों के प्रयोग से भी ठीक नहीं हुई परन्तु उन्हें कुछ राहत जीवन के व्यावहारिक धरातल पर कई बार यह भी अनुभव हुआ कि 15% केस ऐसे भी हैं जिन्हें मंत्र-चिकित्सा, यज्ञ-अनुष्ठान एवं यत्र देने से भी लाभ नहीं हुआ। तो क्या शास्त्र वचन भी गलत हैं? नहीं ऐसा नहीं। शास्त्रों के गहन अवलोकन से ज्ञात होता है कि–

अवश्यमेव भोक्तव्यं कृतं कर्म शुभाशुभम्।
अत्युत्कटानां पापानां इहैवफलमश्नुते॥

भविष्य कर्म से बदला जा सकता है परन्तु प्रबल भविष्य नहीं बदलता है **"मंत्र तंत्रौषधि बलात्"** से उसको हलका किया जा सकता है। शूल की पीड़ा सुई में बदली जा सकती है।

संचित कर्म ही प्रारब्ध है। प्रारब्ध को कृत कर्मों से बदला जा सकता है। यदि वे अत्युत्कट हों, अत्यधिक बलवान हों, तो उन्हें हलका किया जा सकता है। व्यक्ति तपस्या से, पूर्व संचित कर्म का नाश कर सकता है। पुत्रहीन आशीर्वाद व अनुग्रह से पुत्र प्राप्त कर सकता है। अल्पायु दानादि से दीर्घायु में परिवर्तन हो सकती है। ऐसे अनेक उदाहरण शास्त्रों में अनेक स्थलों पर उद्धृत हैं।

अतः प्रारब्ध क्या है? यह ज्योतिष बतलाता है। उसे कैसे

हटाया जाए यह कर्म काण्ड व धर्म शास्त्र बताता है। ज्योतिष पूर्वार्द्ध है तो कर्मकाण्ड उसका उत्तरार्द्ध खण्ड है। कर्म काण्ड को, धर्मशास्त्र को जाने बिना ज्योतिष का ज्ञान अधूरा है।

ज्योतिष विज्ञान के द्वारा मनुष्य यदि प्रारब्ध जानेगा ही नहीं तो युक्ति और पुरुषार्थ विफल होंगे। जानने पर ही वह उस पूर्व संचित कर्म का प्रायश्चित करके उसे हटाने की दिशा में मनुष्य कर्म करेगा। तभी उसका पुरुषार्थ सफल होगा। भाग्य बीज है और पुरुषार्थ उसे पल्लवित करता है। समय फल को देता है। फल पाक का समय ज्ञान ही ज्योतिष विज्ञान है। शास्त्रोक्त कर्म से भाग्य में परिवर्तन लाने की प्रक्रिया ही ज्योतिष शास्त्र की सही उपादयेता है जो कि मानव जीवन की सार्थकता के लिए ईश्वरीय धरोहर का अमूल्य वरदान है।

प्र. 175: चतुर्थी को चंद्रदर्शन निषिद्ध में क्या वैज्ञानिकता है?

उत्तर : प्राय: सभी शुक्ल पक्ष की चतुर्थियों को खासकर भाद्रपद महीने की शुक्ल चतुर्थी को चंद्रदर्शन निषिद्ध माना गया है।

इसका मुख्य कारण इसी दिन यादवेन्द्र भगवान श्रीकृष्ण पर 'सूर्यकांत मणि' की चोरी का मिथ्या कलंक लगा। पौराणिक कथा के अनुसार कहते हैं कि एक दिन चंद्रमा को अपने सौन्दर्य का अभिमान हो गया और उसने गजवदन 'गणेश' का उपहास किया। अपने तिरस्कार को ताड़ कर गणेश जी ने शाप दिया–'आज से तुम काले-कलूटे हो जाओ' तथा जो भी आज के दिन तुम्हारा मुख देखेगा। वह भी कलंक का पात्र होगा। ''उस दिन भाद्रशुक्ल चतुर्थी थी। चंद्रमा ने तत्काल गिड़गिड़ाकर क्षमा-याचना की, संतुष्ट होकर गणपति ने कहा–आगे से तुम सूर्य से प्रकाश पाकर एक महीने में एक दिन पूर्णता को प्राप्त करोगे। मेरा यह शाप केवल भाद्र शुक्ल चतुर्थी को विशेष रहेगा, बाकी चतुर्थियों पर इतना प्रभावी नहीं होगा। इस दिन जो मेरा पूजन करेगा, उसका मिथ्या कलंक मिट जाएगा। स्मरण रहे, चतुर्थी तिथि के स्वामी भी गणपति ही हैं। तब से लेकर आज तक लोगों ने इस शाप का प्रभाव बराबर अनुभव किया तथा निरन्तर अनुसंधान गत प्रमाणों के कारण जन मानस ने चतुर्थ को चंद्रदर्शन निषिद्ध माना।''

इस निषेध का वैज्ञानिक पक्ष यह है सूर्य-चंद्र गणना क अनुसार उक्त पिण्ड इस दिन ऐसे त्रिभुज कक्षा में व्यवस्थित रहता है, जिससे इस प्राणशक्ति में वैषम्य आ जाता है। 'चंद्र-सूर्य से प्रकाश पाता है'–यह एक वैज्ञानिक तथ्य है। चंद्रमा की चौथी कला का विकास खासकर सिंह के सूर्य (भाद्रपद मास) में सूर्य की मृत्युकिरण वाले भाग से प्रकाशित होता है। उस दिन चंद्र-सम्भूत रश्मियां, विकृत विचार-तरंगों में तरंगित होकर मन को विलक्षण ढंग से प्रभावित करती हैं। इसलिए उस दिन उसके दर्शन का फल अशुभ होता है।

ज्योतिष विज्ञान के अनुसार भाद्रशुक्ल चतुर्थी के प्राय: चित्रा या स्वाति नक्षत्र का योग बनता है। कहा है–

'चित्रा स्वातिगता मेघाः चित्रा स्वातिगता नराः।
अद्यापि न निवर्तन्ते, दक्षिणा यामिनीरिव।।''

चित्रा और स्वाति नक्षत्र में गया हुआ मेघ (बादल) तथा उक्त नक्षत्रों में प्रस्थान करने वाला व्यक्ति पुन: लौट कर ठीक उसी प्रकार से वापस नहीं आता, जिस प्रकार दक्षिण दिशा में गई हुई रात वापिस नहीं लौटती। अत: स्वगृहस्य सिंह राशि के सूर्य में भाद्र शुक्ल चतुर्थी की रिक्ता तिथि एवं उक्त नक्षत्रों के बीच एक विशेष प्रकार के आकर्षण-विकर्षण का विषाक्त तारतम्य बनता है जो कि आम प्राणी के साथ-साथ प्रकृति के लिए भी शुभफलप्रद नहीं कहा गया है।

प्र. 176 : व्रत-उपवास रखने में क्या वैज्ञानिकता है?

उत्तर : 'अन्न' में मादकता होती है। इसमें भी एक प्रकार का नशा होता है। भोजन करने के तत्काल बाद 'आलस्य' के रूप में इस नशे को प्राय: सभी लोग अनुभव करते हैं। पके हुए अन्न के नशे में एक प्रकार की पार्थिव शक्ति निहित होती है, जो पार्थिव शरीर का संयोग पाकर दुगुनी हो जाती है। इस शक्ति को शास्त्रकारों ने 'आधिभौतिक शक्ति' कहा है।

इस शक्ति की प्रबलता में उस 'आध्यात्मिक शक्ति' को जो हम पूजा उपासना के माध्यम से एकत्र करना चाहते हैं, नष्ट हो जाती है। अत: भारतीय महर्षियों ने सम्पूर्ण आध्यात्मिक अनुष्ठानों में उपवास का प्रथम स्थान रखा है।

विषया विनिवर्तन्ते निराहारस्य देहिनः

सूत्र के अनुसार उपवास, विषय-वासना से निवृत्ति का अचूक साधन है। खाली पेट को फालतू की मटरगस्ती नहीं सूझती। अतः शरीर, इन्द्रियों और मन पर विजय पाने के लिए जितासन और जिताहार होने की परम आवश्यकता है।

आयुर्वेद शास्त्र तथा आज का विज्ञान दोनों का एक ही निष्कर्ष है कि व्रत और उपवासों से जहां अनेक शारीरिक व्याधि में समूल नष्ट हो जाती है, वहां मानसिक व्याधियों के शमन का भी यह एक अमोघ उपाय है।

वैज्ञानिक कहते हैं कि सप्ताह में एक दिन तो व्रत (Fast) रखना ही चाहिए। इससे आमाशय, यकृत एवं पाचनतंत्र को विश्राम मिलता है तथा उसकी स्वतः ही सफाई (Over whelm) हो जाती है। इस रासायनिक प्रक्रिया (Lubrication) से पाचनतंत्र मजबूत हो जाता है तथा व्यक्ति की आंतरिक शक्ति (Inner-power) के साथ-साथ उसकी आयु (Longevity) भी बढ़ती है।

प्र. 177: श्राद्ध किसे कहते हैं? इसके करने से क्या लाभ? इसका वैज्ञानिक पक्ष क्या है?

उत्तर : सनातन धर्म और आर्यसमाज के मध्य श्राद्ध विषय को लेकर एक शताब्दी से नित्य देवासुर संग्राम चलता आ रहा है। श्राद्धकल्प के अनुसार–

प्रेतान् पितृंश्च निर्दिश्य, भोज्यं यत्प्रियमात्मनः।
श्रद्धया दीयते यत्र, तच्छ्राद्धं परिचक्षते॥

अर्थात् मृत पितरों के उद्देश्य से जो अपने प्रिय भोग्य पदार्थ ब्राह्मण को श्रद्धापूर्वक प्रदान किए जाते हैं, उस अनुष्ठान का नाम 'श्राद्ध' है।

काव्यायन स्मृति, अध्याय 13/4 के अनुसार–

'श्राद्धं वा पितृयज्ञः स्यात्'

पितृयज्ञ का ही दूसरा नाम 'श्राद्ध' है। 'सिद्धस्तशिरोमणि' ग्रंथ के अनुसार चंदमा की ऊर्ध्व कक्षा में पितृलोक है जहां

पितर रहते हैं। तैत्तरीय उपनिषद 9/6/8/6 के अनुसार पितृलोक मनुष्यलोक से चर्मचक्षुओं द्वारा दृष्ट नहीं है।

अथर्ववेद में ऋषि कहता है–

इममोदनं निदधे ब्राह्मणेषु विष्टारिणं लोकार्जितं स्वर्ग्यम्

–अथर्ववेद 25/3/8

मैं इस ओदनोयलक्षित भोजन को ब्राह्मणों में स्थापित करता हूं (उन्हें खिलाता हूं) जो सूक्ष्मरूप से अतीव विस्तृत होकर लोक-लोकान्तर को जीतता हुआ स्वर्ग तक पहुंचता है।

'विवेक चूणामणि' के अनुसार जब जीवात्मा इस स्थूल देह से पृथक होती है, उस स्थिति को मृत्यु कहते हैं। यह भौतिक शरीर 27 तत्त्वों के संघात से बना है। स्थूल पंच महाभूत एवं स्थूल कर्मेन्द्रियों को छोड़ने पर अर्थात् मृत्यु को प्राप्त हो जाने पर भी 17 तत्त्वों से बना हुआ सूक्ष्म शरीर विद्यमान रहता है।

जब प्राणी मरता है तो उसके हाथ-पांव आदि अंग निश्चेष्ट हो जाते हैं, इन्द्रियों को देखने-सुनने आदि की शक्तियां क्रमशः एक-एक करके नष्ट होने लगती हैं। प्राण, अपान, समान, उदान और व्यान स्थान भेदेन पंच विध प्राणवायु अपने-अपने स्थानों में च्युत हो जाती हैं। इस प्रकार अपान व उदान वायु का तारतम्य बिगड़ते ही प्राण वायु का अवरोध हो जाता है। इस अवस्था का नाम ही 'मृत्यु' है।

श्रीमद्‌भगवत्‌गीता, अध्याय 15, श्लोक के प्रमाणानुसार जैसे पुष्प संस्पृष्ठ वायु फूल की सूक्ष्म गंध को भी अपने साथ उड़ा ले जाता है उसी प्रकार यह जीव भी पंचभौतिक स्थूल शरीर से पृथक् होता हुआ तद्‌गत सूक्ष्म भूतांशी को भी अपने साथ ले जाता है, जिसका उपलक्षण वेद उपनिषदों में 'अनुंष्ठमात्र पुरुषः' के रूप में लक्षित है।

सूक्ष्म शरीरधारी जीव इस लोक के सतत् अभ्यास के कारण परलोक में भी तद्‌द इन्द्रियों के विषयों की अभिलाषा करता है परन्तु उन अभिलाषाओं की पूर्ति 'भोगायतन' देह न होने के कारण नहीं कर पाता। जैसे रागरसिक पुरुष विधुर हो

जाने पर एवं सिनेमा का शौकीन अंधा हो जाने पर भी पूर्वानुभूत विषयों को याद करके संताप को प्राप्त होता है। उसी प्रकार यह जीव भी संताप को प्राप्त होता है। हिन्दू मान्यताओं के अनुसार एक वर्ष तक प्राय: सूक्ष्म जीव को नया शरीर नहीं मिलता है तथा मोहवश सूक्ष्म जीव अपने घर व स्वजनों के इर्द-गिर्द घूमता रहता है। श्राद्ध कार्य से सूक्ष्म जीव को तृप्ति मिलती है। इसलिए श्राद्धकर्म किया जाता है।

वेदशास्त्र कहते हैं कि शास्त्रविदित आचरण करने वाला व्यक्ति उत्तम योनियों को प्राप्त होते हैं और पापाचारी पाप योनियों को प्राप्त होते हैं। मनुष्य योनि को छोड़कर बाकी सभी भोग योनि है। मनुष्य योनि में पूर्वजन्मों के किए गए संचित कर्मकोष के 'प्रारब्ध' नामक कुछ अंश का उपभोग होता है। वहां नये कर्मों की सृष्टि भी होती है। इसीलिए मनुष्य योनि 'कर्मयोनि' नाम से विख्यात है। मनुष्य चाहे तो शुभकर्मों द्वारा पुनर्जन्म आवागमन के चक्कर से छूट कर मोक्ष को प्राप्त हो सकता है। इसलिए शास्त्र सत्कर्म, पुण्यकर्म करने की प्रेरणा देता है।

अथर्ववेद 25/4/78/80 के अनुसार यदि मनुष्य इस बीच पृथ्वी पर जन्म धारण कर लेता है तो-''पृथ्वी पर जन्म-धारण करके रहने वाले पितरों को स्वधा श्राद्ध में प्रदत्त कव्य तृप्त करता है। अंतरिक्ष में भूत-प्रेत आदि योनियों में विचरने वाले प्राणियों को स्वधा द्वारा तृप्ति मिलती है और द्युलोक में देवयोनि पाकर निवास करने वाले पितरों को स्वधा श्राद्ध में प्रदत्त कव्य से तृप्ति मिलती है।

विष्णु स्मृति 20/40 के अनुसार देवयोनि में, नाटकीय योनियों में, पशु-पक्षी आदि तिर्यंग योनियों में तथा मनुष्य योनि में भी अपने बान्धवों द्वारा किया गया श्राद्ध प्राणी को सूक्ष्म रूप से अवश्य प्राप्त होता है। इन सब अकाट्य प्रमाणों के कारण हिन्दू लोग अपने माता-पिता, भाई बन्धुओं का श्राद्ध श्रद्धापूर्वक अवश्य करते हैं। श्राद्ध मृतप्राणी के प्रति किया गया प्रेम पूर्वक स्मरण है जो कि हिन्दू धर्म की एक प्रमुख विशेषता है।

प्र. 178 : श्राद्ध में किया गया भोजन मृतप्राणी को कैसे, किस विधि से मिलता है? मान लीजिए मृतप्राणी गधा बन गया और हमने उस निमित्त ब्राह्मण को खीर खिलाई तो क्या वह खीर गधे को मिलेगी? मृतप्राणी मर कर बन गया हाथी, ब्राह्मण ने आधा सेर जलेबी खा ली तो हाथी उससे कैसे तृप्त होगा? इसका तार्किक पक्ष स्पष्ट करें?

उत्तर : प्रायः आम लोगों की ऐसी धारणा है कि श्राद्ध में जो खिलाया-पिलाया जाता है, वही पदार्थ ज्यों-का-त्यो उसी तौल, वजन और परिमाप में मृत पितरों को मिलता है। जबकि ऐसी बात नहीं है।

वास्तव में श्राद्ध में दिए गए भोजन का सूक्ष्म अंश परिणित होकर उसी अनुपात व मात्रा में प्राणी को मिलता है, जिस योनि में वह प्राणी है। इस दृष्टान्त को ऐसे समझना चाहिए। विश्व में अनेक देश हैं। प्रत्येक देश की भिन्न-भिन्न मुद्राएं हैं, सिक्के हैं जैसे–भारत में 'रुपया' चलता है, इंग्लैंड में 'पौण्ड', अमेरिका में 'डॉलर', मुस्लिम देशों में 'दीनार', जर्मनी में 'फ्रैंक', अफ्रीका में 'लिंग' वगैरह। एक देश का दूसरे देश में लेन-देन चलता रहता है। जो अपने देश का सिक्का दूसरे के सरकारी बैंक या 'एक्सचेंज काउण्टर' पर जमा करा देता है उसको उस मुद्रा के अनुपात में इच्छित देश का पैसा मिल जाता है। यदि हमारा कोई रिश्तेदार अमेरिका से हमारे पते पर सौ डॉलर का मनीऑर्डर भेजता है तो यहां के पोस्ट ऑफिस स्वतः ही हमें 3200/. रु. नकद घर बैठे पहुंचा देगा। इसी प्रकार अपनी न्याय-व्यवस्था के अनुसार श्राद्ध में दिए हुए हमारे भौतिक पदार्थों को मृत प्राणी के आवास-स्थल और जीव की योनि की योग्यता के अनुरूप, स्वतः ही मिल जाता है। हमारे दिव्य शास्त्रों ने इस विषय की पक्की गारंटी दी है। 'देवल स्मृति' कहती है–

देवो यदि पिता जातः शुभकर्मानुसारतः।
तस्यान्नममृतं भूत्वा देवत्वप्यनु गच्छति॥
गान्धर्वे भोगरूपेण पशुत्वे च तृणं भवेत्।
श्राद्धान्नं वायुरूपेण नागत्वेप्यनु गच्छति॥

पानं भवति यक्षत्वे राक्षसत्वे तथामिषम्।
दानवत्वे तथा मांसं प्रेतत्वे रुधिरोदकम्।
मनुष्यत्वे ऽन्नयानांदि नानाभोगरसो भवेत्।।

अर्थात् श्रद्धापूर्वक विधिवत् जो-जो वस्तुएं सम्यक् प्रदान की जाती हैं वे सब वस्तुएं अन्य लोकों में पितरों के लिए अनन्तकाल तक अक्षय तृप्ति प्रदान करती है। पितृलोक में गया हुआ प्राणी श्राद्ध में दिए हुए अन्न का स्वधारूप में परिणत हुए को खाता है-"यदि शुभ कर्मों के कारण मरकर पिता देवता बन गया तो श्राद्ध में किया हुआ अन्न उसे अमृत में परिणत होकर देवयोनि में प्राप्त होगा। गंधर्व बन गया हो तो वह अन्न नाना भोगों के रूप में प्राप्त होगा और पशु बन जाने पर तृण रूप में परिणत होकर तृप्त करेगा। यदि वायुभक्षक नागयोनि में चला गया हो तो श्राद्ध का अन्न वायु रूप में तृप्ति का हेतु बनेगा। दानव, प्रेत व यक्ष बनने पर तद्दरूप में तृप्ति प्राप्त करेगा और मनुष्य योनि को पुनः प्राप्त होने पर श्राद्धान्न नाना अन्न-पान और भोग्यरसादि के रूप में परिणत होकर प्राणी को तृप्त करेगा।"

श्राद्ध का परिणाम मृत-प्राणियों को किसी भौतिक स्थूल पदार्थ के रूप में प्राप्त नहीं होता तद्द विषयों के उपभोग में भटकती हुई आत्मा को 'तृप्ति' प्रदान कर, उसे वासनाओं से मुक्ति दिलाकर मोक्ष की ओर प्रेरित करना है।

प्र. 179 : मरणोपरान्त श्राद्धादि क्रियाएं पुत्र ही क्यों करे?

उत्तर : यह तो विज्ञान भी मानता है कि पुत्र वीर्यांश रूप में पिता का ही प्रतिनिधित्व करता है। हिन्दू धर्म में पुत्र का अर्थ है-'पुं' नामक नरक से 'त्र' त्राण करने वाला प्राणी ही 'पुत्र' कहलाता है। इसलिए पिता का और्ध्वदैहिक श्राद्धादि क्रिया का सारा दायित्व पुत्र पर ही छोड़ दिया गया है।

एक ही मार्ग है, जिसमें दो वस्तुएं उत्पन्न होती हैं-एक 'पुत्र' और दूसरा 'मूत्र' अतः जो व्यक्ति अपनी योग्यता सिद्ध कर मरणोपरान्त पिता के सारे अन्त्येष्टि संस्कार श्रद्धापूर्वक करता है वही 'पुत्र' है। शेष सब कोरे 'मूत्र' है। मूत्रालय में किलबिलाते हुए 'कीट' भी हमारे ही वीर्यकणों के समुद्भुत हैं।

इसी प्रकार से वे नास्तिक मनुष्य भी मूत्रकीट ही कहे जाएंगे जो मरणोपरान्त पिता-कुटुम्बीजनों के प्रति अपने दैनिक दायित्व का निर्वाह नहीं करते।

प्र. 180 : क्या मृत पितर दिख सकते हैं?

उत्तर : 'योगदर्शन' के विभूतिपाद में बड़े विस्तार से अष्टाङ्ग साधन की विभिन्न कक्षा (स्थिति) में पहुंच जाने पर पितृदर्शन कर सकने की योग्यता का वर्णन किया गया है।

'वेश्यन्ति ज्ञान चक्षुषः' ये पहली शर्त है। भूत-प्रेतों की कुछ सच्ची घटनाएं तो बहुत से पाठकों को दृष्ट-श्रुत हो सकती हैं परन्तु इतिहास में पितृ-दर्शन संबंधी बहुत-सी कथाएं आती हैं।

भगवान श्रीराम ने एक बार वन में महाराज दशरथ का श्राद्ध किया। सीताजी ने अपने हाथ से सारी सामग्री तैयार की परन्तु जब ब्राह्मण भोजन करने लगे तो सीता जी दौड़कर कुटी में जा छिपीं। भगवान राम ने सीता से इस घबराहट व छिपने का कारण पूछा। तब सीता जी कहने लगी–

पिता तवा मया दृष्टो ब्राह्मणङ्गेषु राघव।
दृष्टा त्रपान्विता चाहमपक्रान्ता तवान्तिकात्॥
यां ऽहं राज्ञा पुरा दृष्टा सर्वालंकार भूषिता।
सा स्वेदमलादिग्धांगी कथं पश्यामि भूमिपम्॥

–पद्मपुराण, सृष्टि 33-74-110

हे राघव! मैंने निमंत्रित ब्राह्मणों के शरीर में आपके पिताजी के दर्शन किए। इसलिए लज्जित होकर मैं आपके निकट से दूर छुप गई। जिन मेरे श्वसुर ने पहले मुझको सब आभूषणों और अलंकारों से सुसज्जित देखा था, अब वे पसीने और मैल से सनी हुई को कैसे देख पाते?

ऐसा ही एक प्रसंग महाभारत में आता है जब भीष्म जी ने अपने पिता शान्तु को पिण्ड प्रदान करना चाहा, तो उनके सामने पिता शान्तनु का साक्षात् दक्षिण हस्त पिण्ड ग्रहण करने को प्रकट हुआ। भीष्म ने पिता के सकङ्कण हाथ को भली-भांति पहचान लिया।

प्र. 181 : श्राद्ध आश्विन में ही क्यों?

उत्तर : आश्विन का पितृ-पक्ष हमारे विशिष्ट सामाजिक उत्सवों की भांति पितृगणों का सामूहिक महापर्व है **'पर्वणि भवम् पार्वणम्'** इस निर्वचन के अनुसार इसे **'पार्वण श्राद्ध'** कहते हैं। इस समय सभी पितर अपने पृथ्वीलोकस्थ सगे-संबंधियों के यहां बिना निमंत्रण के पहुंचते हैं। उनके द्वारा प्रदान किए **'कव्य'** से परितृप्त होकर उन्हें अपने शुभाशीर्वादों से आप्यायित करते हैं।

अथर्ववेद 12/3/49 के अनुसार शरद ऋतु में छठीं संक्रान्ति कन्यार्क में जो अभीप्सित वस्तुएं पितरों को प्रदान की जाती हैं, वे सब स्वर्ग को देने वाली होती हैं।

'सिद्धांत शिरोमणी' ग्रंथ के अनुसार कन्यार्क के जो अवशेष सोलह दिन हैं, वे यज्ञों के तुल्य हैं, उनमें पितरों को जो दिया जाता है, वह अक्षय होता है।

अत्रि ऋषि के वचनानुसार-

'कन्यणते सवितरिं पितरोयान्ति सत्सुतान्'

(अत्रि 358)

कन्या राशि पर सूर्य जब आता है तब पितर लोग अपने सत्पुत्रों के निकट पहुंचते हैं, जो गृहस्थ कन्यागत सूर्य को श्राद्ध नहीं करता वह पापी है। इस प्रकार आश्विन पितृ-पक्ष में महाक्षय पार्वण श्राद्धों की परम्परा वेदादिशास्त्र द्वारा अनुमोदित है।

अब इसका वैज्ञानिक पक्ष भी स्पष्ट करते हैं। ज्योतिष विज्ञान के अनुसार मेषराशि के दस अंश तक सूर्य परमोच्च का रहता है तथा तुला राशि के दस अंश पर सूर्य परमनीच का होता है। मेष का सूर्य पृथ्वी की कक्षा (Orbit) से सर्वथा दूर होता है तथा तुला का सूर्य पृथ्वी की कक्षा (Orbit) के सर्वथा निकट होता है। पृथ्वीलोक पर किए गए यज्ञ भाग आदि सब अनुष्ठान पहले सूर्यमण्डल में पहुंचते हैं, फिर वहां से तद्द स्थानों में जाते हैं। देवताओं के निमित्त भौतिक अग्नि में अर्थात् ब्राह्मण की जठराग्नि में विधिवत् डाला हुआ 'हव्य' सूर्य द्वारा द्यूलोकस्थ देवताओं की तृप्ति का कारण बनता है। देवलोक सूर्य कक्षा में विद्यमान है। पितृगणों के निमित्त उभयविध अग्नि में

हुत 'कव्य' पहले सूर्य मण्डल में पहुंचता है, फिर सूर्यमण्डल से चंद्रमण्डल में जाता है। कन्याराशि के दस अंश से तुलाराशि के दस अंश पर्यन्त सूर्य परमनीच कक्षा में विद्यमान होने के कारण अर्थात्, पृथ्वी, चंद्रमंडल और सूर्यमंडल के सर्वाधिक के कारण 'कन्यागत' श्राद्ध करना विज्ञान सम्मत है।

प्र. 182 : मांस क्यों नहीं खाना चाहिए?

उत्तर : मांस क्यों नहीं खाना चाहिए? इसका पहला कारण है कि यह मनुष्य के लिए अप्राकृतिक है। जीभ के चपक पर पानी पीने वाले कुत्ते, बिल्ली, सिंह, व्याघ्र आदि जानवरों के लिए मांस प्राकृतिक भक्ष्य हो सकता है। ईश्वर ने उनके दांत, दाढ़, नाखून तथा आमाशय आदि सभी अंग वैसे ही बनाए हैं परंतु घूंट-घूंट कर पानी पीने वाले–गाय, भैंस, वानर, मनुष्य आदि जीवों के लिए मांस प्राकृतिक भक्ष्य नहीं, क्योंकि इनके अंग मांसाहारियों के समान नोचने, कुचलने और चीर-फाड़ करने योग्य नहीं बने हैं। यही कारण है कि मनुष्य को छोड़कर अन्य कोई घूंट कर पीने वाला जीव स्वभावतः मांसाहारी नहीं है।

मांसाहार द्वारा परोक्ष रूप से जीवहत्या को प्रोत्साहन मिलता है–दूसरा कारण यह है कि कोई भी मांसाहारी व्यक्ति आध्यात्मिक मार्ग का सफल पथिक नहीं हो सकता। क्योंकि उसका अंतःकरण पशुतामय परमाणुओं द्वारा परिपुष्ट होने के कारण कभी सात्त्विक नहीं हो सकता। मांस खाने वाला, शराब पीयेगा ही। शराबी व मांसाहारी व्यभिचारी होगा ही, ये सभी तामसी वस्तुएं हैं वैज्ञानिक मान्यताओं के अनुसार जैसा व्यक्ति खाएगा उसके शरीर और मन-मस्तिष्क में वैसे ही विचार उठेंगे। संत लोग भी कहते हैं–

जैसा खावे अन्न, वैसे होवे मन
जैसा पीये पाणी, वैसी होवे वाणी।

इसलिए अन्यान्य विषयों में पाश्चात्य देश चाहे जितने उन्नत हों, परन्तु अध्यात्म विषय में अभी भी वे भारत में किसी सात्त्विक, साधु-संन्यासी, महापुरुष के शरण में आकर ही शांति प्राप्त करते हैं।

तीसरा कारण है कि अधिकतर मांस सूअर, कुक्कुट (मुर्गी) और मत्स्य, इन तीनों जीवों का खाया जाता है। सभी जानते हैं कि ये तीनों प्राणी मलभक्षक हैं। ग्राम्य सूअर तो प्रत्यक्ष ही मल-विष्टा खाते हुए देखा जाता है। जल में गिरा मल मछली तत्काल खा जाती है। मुर्गा तो मनुष्य की खंखार के शब्द को सुनकर भागता है और थूक को पृथ्वी पर गिरने के पहले ही चट कर जाता है। ऐसी गंदी, मल-विष्टा से सारभूत सिञ्चित वस्तुओं को खाना मनुष्य के योग्य नहीं है। मांसभक्षी लोग मांस में विटामिन की दुहाई देते हैं तो कल कुछ डॉक्टर विष्टा में भी कुछ विशेष प्रकार के विटामिन प्रमाणित कर देंगे तो क्या उसे भी भोज्य-पदार्थ की श्रेणी में लिया जाएगा?

चौथा कारण–जिस जानवर का मांस आप खा रहे हैं, वह बीमार हो तो उसका जहर उसके पूरे शरीर, रक्त, मांस, मज्जा में होगा। ऐसे मांस को खाने से Boutmalism नामक घातक बीमारी होती है जो गुर्दे पर असर डालती है तथा मनुष्य की मृत्यु का कारण बनती है। भेड़ के मांस से Hydatid नामक खतरनाक बीमारी होती है जो प्राणघातक है। मांस खाने वाले व्यक्तियों को गुर्दे, पाचनतंत्र जल्दी खराब होते हैं, वे पशुओं की तरह जल्दी हांफते हैं। उनको बवासीर, भगन्दर एवं गुदा द्वारा खून गिरने की आम शिकायत रहती है।

इन सबके बावजूद आश्चर्यजनक तथ्य यह है कि संसार के सारे मांसभक्षी वैज्ञानिक व डॉक्टर मिल कर आज तक यह साबित नहीं कर पाए कि क्या 'मांस व अण्डे' अपने-आप में सम्पूर्ण भोजन हैं? मांस में सर्वाधिक-प्रोटीन होता है पर अन्य पोषक तत्त्वों का नितान्त अभाव रहता है। जैसे 'दूध' को वैज्ञानिकों ने 'सम्पूर्ण भोजन' घोषित किया है। क्योंकि दूध में प्रचुरं मात्रा में प्रोटीन के अतिरिक्त फैट, कार्बोहाईड्रेट, ग्लूकोज, एन्जाइम आदि अनेक जीवनदायक पोषक तत्त्व होते हैं। जिनके फलस्वरूप केवल दूध के आधार पर व्यक्ति जीवित रह सकता है। नवजात शिशु एक वर्ष दुग्धाहार करके ही शरीर बनाता है। यदि नवजात शिशु को दूध की जगह रक्त व मांस दिया जाए तो वह मर जाएगा। हमारे पास वैज्ञानिक, व्यावहारिक एवं नैतिक

रीति से प्रमाणित सम्पूर्ण सुरक्षित अमृत भोजन (दूध) के होते हुए अपूर्ण, असुरक्षित, दुर्गन्धयुक्त प्राणी भोज्य की कोई सार्थकता नजर नहीं आती।

प्र. 183 : तंत्रोक्त पञ्चमकार का वैज्ञानिक रहस्य क्या है?

उत्तर : कौलाचार के विषय में बड़ी भ्रांत धारणाएं फैली हुई हैं। तंत्रों के प्रति लोगों के हृदय में जो एक अवहेलना तथा तिरस्कार का भाव बना हुआ है उसका प्रधान कारण इस आचार का अपर्याप्त ज्ञान है। 'कौल' शब्द का अर्थ ध्यान देने योग्य है। कौल वह है जो शक्ति को शिव के साथ मिलन करने में समर्थ होता है। 'कुल' का अर्थ है शक्ति या कुण्डलिनी और 'अकुल' का अर्थ है शिव। जो योगक्रिया से कुण्डलिनी का अभ्युत्थान कर सहस्रार में स्थित शिव के साथ सम्मेलन करता है वही कौल है। स्वच्छन्दतंत्र का कहना है–

कुलं शक्तिरिति प्रोक्तकुलं शिव उच्यते।
कुलेऽकुलस्य संबंधः कौलमित्यभिधीयते।।

कुल या कुण्डलिनी शक्ति की कुलाचार का मूल अवलम्ब है। कुलाचार ही कौलाचार या वामाचार के नाम से प्रसिद्ध है। यह आचार, मद्य, मांस, मत्स्य, मुद्रा और मैथुन–इस पञ्च 'म' कार या पञ्चतत्त्व या पञ्चमुद्रा के सहयोग से अनुष्ठित होता है–

मद्यं मांसं मत्स्यं च मुद्रा मैथुनमेव च।
मकारापञ्चकं प्राहुर्योगिनां मुक्तिदायकम्।।

इन पञ्च मकारों का रहस्य नितान्त गूढ़ है। वास्तव में बात यह है कि ये आभ्यन्तर अनुष्ठान के प्रतीक हैं। जो कोई इन्हें ब्रह्म तथा भौतिक अर्थ में प्रयोग करता है वह यथार्थ बात से बहुत ही दूर है।

मद्य–मद्य का अर्थ बाहरी शराब नहीं है, प्रत्युत ब्रह्मरंध्र में स्थित जो सहस्रदल कमल है उससे जो सुधा क्षरित होती है उसे ही मद्य कहते हैं। उसी को पीने वाला व्यक्ति मद्यप कहलाता है। यह खेचरी मुद्रा के द्वारा सिद्ध होता है। इसीलिए तंत्रों का कथन है–

व्योमपंकज निस्यन्दसुधापानरतो नरः।

मधुपायी समः प्रोक्तस्त्वितरे मद्यपायिनः।।

जिह्वया गलसंयोगात् पिबेत् तद्मृतं तदा।

योगिभिः पीयते त्त्तु न मद्यं गौडपैष्टिकम्।।

इसका पहला 'कुलार्णव' का और दूसरा 'गंधर्वतंत्र' का वचन है।

मांस—जो पुरुष पुण्य और पापरुपी पशुओं को ज्ञानरूप खड्ग के द्वारा मार डालता है और अपने मन को ब्रह्म में लीन करता है वही मांसाहारी है। कुलार्णव का कथन है—

पुण्यापुण्ये पशुं हत्वा ज्ञान खड्गेन योगवित्।

परे लयं नयेच्चितं मांसाशो स निगद्यते।।

मत्स्य सिरस्थ इड़ा और पिंगला नाड़ियों का नाम गंगा और यमुना है। इसमें प्रवाहित होने वाले श्वास और प्रश्वास दो मत्स्य हैं। जो साधक प्राणायाम द्वारा श्वास बंद कर कुम्भक के द्वारा प्राणवायु को सुषुम्ना के भीतर संचालन करता है, वहीं यथार्थतः मत्स्य-साधक है। 'आगमसार' कहता है—

गंगायमुनयोर्मध्ये द्वौ मत्स्यो चरतः सदा।

तौ मत्स्यौ भक्षयेद् यस्तु स भवेन्मत्स्यसाधकः।

मुद्रा—सत्संग के प्रभाव से मुक्ति मिलती है और असत् संग के प्रभाव से बंधन प्राप्त होता है। इसी असत्-संग के त्याग का ही नाम मुद्रा है। 'विजयतंत्र' का यही मत है—

सत्संगेन भवेन्मुक्तिरसत्संगेषु बन्धनम्।

असत्संगमुद्रणं यतु तन्मुद्रा परिकीर्तिता।।

मैथुन—मैथुन का अर्थ है मिलना। किसका? सहस्रार में स्थित शिव का तथा कुण्डलिनी का अथवा सुषुम्ना प्राण का। स्त्री सहवास में वीर्यपात के समय जो सुख मिलता है उसे शत-कोटिगुणित अधिक सुख सुषुम्ना में प्राणवायु के स्थित होने से मिलता है। यही वास्तविक मैथुन है—

ईडापिंगलयोः प्राणन् सुषुम्नायां प्रवर्तयेत्।

सुषुम्ना शक्तिरुद्दिष्टा जीवोऽयं तु पर शिवः।।

तयोस्तु संगमे देवैः सुरतं नाम कीर्तितम्।

इन अर्थों से स्पष्ट है कि पंच मकारों का संबंध अंतर्याग से है। इसका अधिकारी भी साधारण व्यक्ति नहीं होता, प्रत्युत उच्च कोटि का साधक ही इसका उपयुक्त पात्र है, जो परद्रव्य के विषय में अन्धतुल्य, परस्त्री के विषय में नपुंसक तुल्य परनिन्दा में मूकतुल्य तथा जितेन्द्रिय है वहीं वाममार्ग का अधिकारी है।

परद्रव्येषु योऽन्धश्च परस्त्री नपुसंकः।
परापवादे या मूल सर्वदा विजितेन्द्रियः॥
तस्यैव ब्राह्मणस्यात्र वामे स्यादधिकारिता।

इसके अतिरिक्त भी कर्मकाण्ड व तंत्र शास्त्र में मद्य-मास निषेधात्मक अनेक प्रमाण प्राप्त होते हैं। यद्यपि सभी प्रमाण व तर्क एक साथ नहीं दे पा रहे हैं परन्तु उपर्युक्त प्रमाण ही सारांशतः यह बताने के लिए पर्याप्त हैं कि मद्य-मांस सेवन भारतीय संस्कृति-सभ्यता का आदर्श कभी नहीं रहा। आश्चर्य है–अपने-आपको भारतीय मानने वाले प्रतिपक्षी विद्वान् अपने पूर्वजों के बारे में भ्रांत धारणाएं फैला कर क्या प्राप्त करना चाहते हैं? इस अवसर पर चाणक्य का एक सूत्र याद आता है–**'नीचस्य विद्याः पापकर्मणि योजनयन्तिः'** नीच जन विद्या प्राप्त करके उसका दुरुपयोग ही करते हैं। सदुपयोग नहीं। अंत में आशुतोष चन्द्रमौलीश्वर भगवान् शंकर से यही प्रार्थना है कि नास्तिक व राक्षसी बुद्धि वालों को सद्‌बुद्धि प्रदान करें।

प्र. 184: स्वास्तिक चिह्न का वैज्ञानिक रहस्य क्या है?

उत्तर : (Scientific Research upon Mystic Equal Armed Cross)

प्रत्येक धार्मिक अनुष्ठान एवं क्रियाओं में हम सर्वप्रथम 'स्वस्तिक चिह्न' की उपस्थिति पाते हैं। इस स्वस्तिक को केवल हिन्दू धर्म ने ही नहीं अपितु विश्व के सभी धर्मों ने परमपवित्र चिह्न माना है। ऐसा क्यों? आखिर इस स्वस्तिक चिह्न में क्या विशेषता है? इसका वैज्ञानिक धरातल क्या है? ऐसा सोचना आज के वैज्ञानिक युग में अभिप्रेत है? आइए, हम इस विषय पर कुछ चिंतन-मनन करें।

1. **इलेक्ट्रोनिक थ्योरी**–गणित में + चिह्न न. 1 को धनात्मक चिह्न माना गया है। विज्ञान के अनुसार पोजिटिव तथा नेगेटिव; ऋणात्मक दो अलग-अलग शक्ति प्रवाहों के मिलन बिन्दु को प्लस कहा गया है जो कि नवीन शक्ति के प्रजनन का कारण है। फलतः स्वस्तिक चिह्न का अपभ्रंश यह स्वरूप अधिकता, व सम्पन्नता का प्रतीक है।

2. **ईसाइयों का पवित्र क्रॉस**–नम्बर 1 में चित्रित स्वस्तिक ईसाई लोगों का परम चिह्न + क्रॉस है। यह + क्रॉस वास्तव में गणेश की प्रतिमा का संक्षिप्त रूपान्तर है। गणेश के साकार विग्रह में मनुष्य के धड़ पर हाथी का मुख संयुक्त किया गया है। इसलिए गणेशजी के नाम गजवदन, गजानन, करिमुख ईभास्य आदि प्रसिद्ध है। ऐसी स्थिति में स्पष्ट मालूम होता है कि क्रॉस शब्द भी करि-आस्य शब्द का ही अपभ्रंश है जिसका अर्थ हाथी के मुख वाला होता है। ईसाई मत का प्रसिद्ध क्राइस्ट शब्द भी कर+आस्य+इष्ट इन तीन शब्दों के संयोग का परिणाम ही जान पड़ता है। जिसका तात्पर्य हाथी के सदृश मुख वाले श्री गणेशजी को अपना इष्टदेव मानने वाला व्यक्ति होता है। ऐसी परिस्थिति में कुछ लोग क्रॉस से स्वस्तिक के निर्माण होने का तर्क प्रस्तुत कर सकते हैं किन्तु यह उनकी भ्रांत कल्पना ही कही जा सकेगी। क्योंकि स्वस्तिक चिह्न ईसा से भी हजारों वर्ष पूर्व प्रमाणित हैं। स्वस्तिक की चारों भुजाएं चारों दिशाओं की ओर शुभ का संकेत देती हैं। शुभ चिंतन से मनुष्य की दुखानुभूति आदि आपत्तियों का शमन होती है। यही कारण है कि विश्व में सभी स्वास्थ्य चिकित्सा केन्द्रों मे रेड क्रॉस को (स्वस्तिक) स्वास्थ्यलाभ, सात्वना के प्रतीक चिह्न रूप में अपना लिया है।

3. चित्र नं. 2 व 3 के स्वस्तिक चिह्न अधिकतर विदेशों में प्रचलित है। पाश्चात्य देशों में इसे शुभ व विजय प्रतीक चिह्न माना गया है। चारों दिशाओं में इसके चारों द्वारा की कल्पना कर इसके पण्डाल की ऋद्धि-सिद्धि के आगमन का स्रोत माना है। हिटलरवादी जर्मन वालों को राष्ट्र पताका पर यहीं चिह्न अंकित था किन्तु विपरीत दिशाओं वाला उलटा स्वस्तिक हिटलर की

पराजय (Global-war of 1939-45) का मुख्य कारण बना।

4. साक्षी (उपस्थिति का प्रतीक)–जैन धर्म एवं पाली भाषा में इसे साक्षी के नाम से सम्बोधित किया गया है। व्युत्पत्ति लब्धक अर्थानुसार **'साक्षियो कर्मः'** अर्थात् जो प्रत्येक शुभ एवं मांगलिक कार्य में साक्षी (गवाह) रूप में विद्यमान रहता है। साक्षियों का अपभ्रंश उच्चारण की सुविधा में कालान्तर में साखीयों, साकियों इत्यादि नामों से होने लगा जो कि आजकल की प्रचलित सामान्य बोलचाल की भाषा में यत्र-तत्र प्रयुक्त होता है।

5. स्वस्तिक अर्थात् सौभाग्य–स्वस्तिक शब्द 'सू' + उपसर्ग पूर्वक अस् धातु से बना है। सु अर्थात् अच्छा कल्याणमय, श्रेष्ठ, मंगल, अस् अर्थात् सत्ता, अस्तित्वस्वस्तिक माने कल्याण की सत्ता मांगल्य की अस्तित्व। जहां-जहां श्री है, शोभा है, पुंसवाद है, प्रेम-उल्लास जीवन का सौंदर्य एवं व्यवहार का सौहार्द, सुख सौभाग्य व सम्पन्नता है, वहां-वहां स्वस्तिक की भावना है। स्वस्तिक की भावना में विश्व विकास की भावना है। स्वस्तिक चिह्न मानव मात्र के विकास हेतु अतिप्राचीन धार्मिक सौभाग्य का प्रतीक है।

'समाप्ति कामः मंगलं आचरेत्' पातंजलि योग शास्त्रानुसार कोई भी कार्य निर्विघ्न पूर्वक समाप्त हो जाए, उसके लिए कार्य के प्रारम्भ में मंगलाचरण लिखने की प्राचीन परिपाटी रही है परन्तु स्वनिर्मित सुंदर मंगल श्लोकों की रचना सामान्य मनुष्यों से संभव नहीं। ऋषियों ने ऐसे कार्य हेतु स्वस्तिक चिह्न का निर्माण किया जिसके बनाने मात्र से प्रत्येक कार्य निर्विघ्न सम्पन्न हो जाता है। **अमरकोष** में लिखा है **'स्वस्तिकः सर्वतो ऋद्ध'।** स्वस्तिक अर्थात् सभी प्रकार से सर्व दिशाओं की सौरभ से मानव जीवन का कल्याण होवे। स्वस्तिक में **वसुधैव कुटुम्बकं** एवं सर्वबन्धुत्व की भावना व्याप्त है।

स्वस्तिक शांति, समृद्धि एवं सौभाग्य का प्रतीक है। चातुर्मास में बहुत-सी स्त्रियां व्रत करती है। भगबान के मंदिर में जाकर अष्टदल से स्वस्तिक बना कर नित्य उनकी पूजा करने

से स्त्रियों को वैधव्य का भय नहीं रहता। ऐसी कथा का वर्णन पद्मपुराण में वर्णित है।

यही कारण है कि वर-वधू में आजीवन संख्या भाव रहे इसके लिए उसको विवाह काल में स्वस्तिक के दर्शन कराए जाते हैं। नवजात शिशु के छठे दिन स्वस्तिक चिह्न निर्मित वस्त्र पर सुलाया जाता है। उससे उस बालक के जीवन में स्वस्तिक क्षेत्र प्राप्त होता है। श्रीमाली ब्राह्मणों में नवविवाहिता वधू को ओरणे पर **'स्वस्तिक-चिह्न'** बनाया जाता है। औरतों के सिर पर 'घाटडी' रखने के कारण भी अखण्ड सौभाग्य सुख-समृद्धि ही है। गुजरात प्रदेश में प्राय: प्रत्येक घर में दरवाजे पर स्वस्तिक चिह्न को सुंदर रंगों से चित्रित किया जाता है। इससे वहां की स्त्रियों की यह पवित्र भावना छुपी रहती है कि हमारे घर में जो कोई भी अन्न, वस्त्र इत्यादि वैभव आएं वे पवित्र हों, हमारे द्वार पर आने वाला अतिथि शुभ सूचनाएं लेकर आवे।

6. स्वस्तिक 'शिव-शक्ति' का प्रतीक–स्वस्तिक की खड़ी रेखा स्वयंभू ज्योतिर्लिंग का संकेत देती है। यह शिव लिंग विश्व की उत्पत्ति का मूल कारण है तथा आड़ी रेखा विश्व के विस्तार को बताती है। शिव व शक्ति के संयोग से ही सृष्टि का विस्तार हुआ है। इस स्वस्तिक चिह्न का मूल भावार्थ भी मननीय है।

7. स्वस्तिक 'विष्णु' व 'श्री' का प्रतीक चिह्न है–स्वस्तिक की चार भुजाएं भगवान विष्णु के चार हाथ हैं। भगवान विष्णु ही स्वस्तिक आकृति में चार भुजाओं से चारों दिशाओं का पालन करते हैं। स्वस्तिक मध्य जो बिन्दु है वह भगवान विष्णु का नाभिकमल–ब्रह्मा का स्थान है। इस भावात्मक प्रतीक से सृष्टि की रचना का प्रतिबिम्ब मिलता है। स्वस्तिक श्री का प्रतीक है। यह श्री विष्णु एवं धन की अधिष्ठात्री देवी लक्ष्मी का प्रतीकात्मक चिह्न है। चित्र नं. 5 का स्वस्तिक लक्ष्मी-उपासना, श्रीकामना हेतु बनाया जाता है।

8. गणपति का प्रतीक–स्वस्तिक चिह्न गणपति के साकार विग्रह का प्रतीक रूप है। बौद्धधर्म के महायान के तांत्रिक सम्प्रदायों ने भी विनायक के प्रतीक रूप में स्वस्तिक

चिह्न की उपासना को माना है। नेपाल में हेरम्ब के नाम से इनकी पूजा की जाती है। यूनान के निवासी श्री गणेशजी लाक्षासिन्धुवदन कहे जाते हैं अर्थात् उनका लाख के रंग के सदृश गाढ़ा लाल सिंदूर रंग है। ऐसी दशा में यूनानियों का ओरेनस जोकि नारंगी व लाल रंग से बनाया जाता है, स्वस्तिक स्वरूप गणपति का ही पूजन है।

भोट भाषा में स्वस्तिक को सोग्सदाग, बर्मी में महा पियेन्ने, मंगोलियन में त्वोतखारून-खागा्न, कम्बोडिय में प्राहकेनीज, चीनी में कुआद्-शी-तियेनू तथा जापानी में कांग्एिन नामों से पुकारते हैं।

मिश्र में सब देवों के अग्रिम देव जो कि बुद्धि के अधिष्ठाता है उसे एक्टोन नाम से पुकारते हैं इसका प्रतीक स्वरूप कुमकुम से क्रॉस की आकृति में बनाया जाता है। संभवत: एक्टोन शब्द भी गणेशजी के अन्यतम पर्याय एकदन्त का ही अपभ्रंश है। अस्तु हिन्दुओं में दीपावली लक्ष्मी पूजन के समय बही खाते में स्वस्तिक चिह्न नं. 6 की पूजा की जाती है। जब इसकी गणेश रूप में कल्पना हो तो दोनों तरफ ऋद्धि-सिद्धि प्रतीकात्मक दो लकीरें देनी होंगी। कई लोग इसकी जगह लाभ-शुभ भी लिखते हैं क्योंकि ऋद्धि से लाभ, सिद्धि से शुभत्व का प्रजनन होता है। हिन्दू पौराणिक मान्यता से इस प्रकार से अभिमंत्रित स्वस्तिक रूप गणपति पूजन से उसके घर में लक्ष्मी की कभी कमी नहीं रहती।

9. स्वस्तिकासन–नं. 4 व 7 में चित्रित स्वस्तिक शुभ कार्य हेतु आसान रूप से प्रस्थापित किए जाते हैं। श्रीमाली ब्राह्मणों को यज्ञ वेदी पर चित्र नं. 7 स्वस्तिकासन चित्रित किया जाता है तथा अग्नि को निमंत्रित करने हेतु थाली पर तन्दुल व कुमकुम से नं. 4 स्वस्तिकासन बनाया जाता है जो कि श्री गणेश का प्रतिनिधि न होकर केवल औसत के रूप में ही बनाया जाता है।

10. **स्वस्तिक चिह्न ध्रुव परिक्रमा के संलग्न सप्तर्षियों की स्थिति है**–इन सब तर्कों के बावजूद वास्तव में देखा जाएं तो स्वस्तिक चिह्न का संबंध खगोल विज्ञान से है। स्वस्तिक,

धुव्र परिक्रमा में संलग्न सप्तर्षि मंडल का आधार भूत चिह्न है। किसी भी मांगलिक कार्य को प्रारम्भ करने से पहले हम स्वस्तिवाचन करते हैं।

स्वस्ति न इन्द्र वृद्धश्रवाः, स्वस्ति नः पूषा विश्ववेदाः
स्वस्तिनस्ताक्ष्र्यो अरिष्टनेमिः स्वस्ति नो बृहस्पतिर्दधातु॥

(यजुर्वेद सं. 25/16)

यह मंत्र इतना प्रसिद्ध है कि तिलक आदि करते समय आशीर्वाद के रूप में विद्वान इसी का प्रयोग करते हैं। इस मंत्र का शाब्दिक अर्थ है–महान कीर्ति वाला इन्द्र हमारा कल्याण करे विश्व के ज्ञान स्वरूप पूषा देव हमारा कल्याण करें जिसके हथियार अरिष्ट भंग करने में समर्थ हैं ऐसे गरुड़ देव हमारी रक्षा करें। बृहस्पति भी हमारे कल्याण की पुष्टि करें।

1. चित्रा 27 नक्षत्रों का मध्यवर्ती तारा है। इसका स्वामी तैत्तिरीय शाखा में इन्द्र है। वही इस मंत्र के प्रथम निर्दिष्ट हुआ है मंत्र में वृद्धश्रवा विशेषण इसके तारा सन्निवेष रूपाकार के कारण दिया गया है।

2. चित्रा मे ठीक अर्धसमानान्तर 150^0 अंश पर रेवती नक्षत्र है जिसका देवता पूषा है। नक्षत्र विभाग के अंतिम नक्षत्र होने के कारण इसे मंत्र में विश्ववेदाः–सर्वज्ञानयुक्त कहा गया है।

3. मध्य में प्रायः चतुर्यांश (90 अंश) की दूरी पर तीन ताराओं से युक्त श्रवण नक्षत्र है जिसका इस मंत्र में ताक्ष्र्य शब्द युक्त है। श्रवण नक्षत्र का स्वामी विष्णु है तथा ताक्ष्य (गरुड़) विष्णु का वाहन है।

4. इसके अर्धान्तर पर तथा रेवती के चतुर्यांश पर 190 अंश की दूरी पर पुष्य नक्षत्र है, जिसका स्वामी बृहस्पति है। वह इस मंत्र के चतुर्थ पाद में निर्दिष हुआ है।

इस प्रकार सम्पूर्ण खगोल को पुष्य, चित्रा, श्रवण तथा रेवती (90, 90 अंश के) चार समानान्तर विभागों में विभक्त किया गया है तथा प्रार्थना की गई है कि 'चारों दिशाओं के देवताओं! आप हमारा कल्याण करें।' चार बिन्दु चार दिशाओं के

स्वामी के प्रतीक हैं। इतनी विस्तृत नक्षत्र विज्ञान की विद्या को बड़े सरल और अल्प अक्षरों में ऋषियों ने इस मंत्र को दर्शाया है।

किसी भी मंगलमय कार्य के समय स्वस्तिक चिह्न को स्थान देने का अभिप्राय मरीचि, अरुन्धती सहित वसिष्ठ, अंगिरा, अत्रि, पुलस्त्य, पुलह कृत आदि सप्त ऋषियों का आह्वान कर उसका आशीर्वाद प्राप्त करना है।

प्र. 185 : सूर्य के रथ में सात घोड़े का वैज्ञानिक रहस्य क्या है?

उत्तर : वेद कहते हैं–

''सप्तयुज्जंति रथमेकचक्रमेको अश्वोवहति सप्तनामा''

–ऋ. 1/164/2

अर्थात् एक चक्र वाले सूर्य के रथ में सात घोड़े जुते हुए हैं। वस्तुतः एक ही सात नाम का घोड़ा रथ को चलाता है।

हिन्दू धर्म में प्रत्येक बात को आलंकारिक व रोचक ढंग से प्रस्तुत किया गया, पर विचार करें तो बात बड़ी गहरी है एवं वैज्ञानिक रहस्यों से ओत-प्रोत है। न तो सूर्य के पास कोई रथ है और न कोई घोड़ा। वस्तुतः किरण कान्त ब्रह्माण्ड ही उसका रथ है और कान्तिमण्डल परिक्रमा पथ (Sun-Orbit) ही उस रथ एक पहिया है। सूर्य हमसे दूर है, हमारे समीप उसकी किरणें भी पहुंचती हैं। अतएव सूर्य में वहन करने वाली ये सप्तवर्ण किरणें ही सात घोड़े हैं।

ज्योतिष ग्रंथों में और रश्मियों में सप्तवर्ण का विश्लेषण किया गया है। ब्राह्मी, माहेश्वरी, कौमारी, वैष्णवी, वारही, इन्द्राणी, चामुण्डी यह सात रंग वही है जो प्रायः इन्द्रधनुष में देखे जाते हैं। यह सूर्य के सात घोड़े कहे गए हैं।

प्र.186 : गणपति के वाहन मूषक का रहस्य?

उत्तर : गणपति बुद्धि के अग्रगण्य देवता हैं, लम्बोदर हैं, गजबदन–हाथी का शरीर है, ऐसे भारी भरकम देवता का वाहन मात्र छोटा-सा चूहा हो? यह बात कुछ अटपटी-सी लगती है। कई बार इस विषय में लोग प्रश्न भी करते हैं।

जैसे सत्त्वगुण का प्रतीक गौ माता है, रजो गुण का प्रतीक सिंह, तमोगुण का प्रतीक सूर्य है। ठीक उसी प्रकार से तर्क का प्रतीक चूहा रहा है। अहिर्निश काट-छांट करना, अच्छी-से-अच्छी वस्तुओं का निष्प्रयोजन कुतर डालना—यह चूहे का स्वभाव है। परन्तु तर्क को स्वतंत्र विचरने देना चाहिए उस पर भारी भरकम बुद्धि वाला अंकुश होना चाहिए। 'लम्बोदर' का मतलब बड़े पेट से है, बड़ी-से-बडी बात को पचाने वाले गम्भीर व धैर्यशाली पुरुष को लम्बोदर कहा जाता है। तभी व्यक्ति गणपति बन सकता है। गणपति-गणाध्यक्ष अर्थात् मनुष्यों में सबसे श्रेष्ठ सबका लोकप्रिय नेता बन सकता है। वेद पुराणों के आख्यान समाधि भाषा में लिखे गए हैं। इसके प्रतीकात्मक रहस्य को समझने के लिए भी सकारात्मक एवं तीक्ष्ण बुद्धि चाहिए।

प्र. 187 : गणपति को दूर्वा-जामुन चढ़ाने का वैज्ञानिक रहस्य?

उत्तर : गणपति पूजन के लिए एक मंत्र का प्रयोग विशेष-तौर पर किया जाता है–

''गजाननं भूतगणादिसेवितं, कपित्थ-जम्बूफल-चारु भक्षणम्।
उमासुतं शोकविनाशकारकं, नमामि विघ्नेश्वर पाद पंकजम्॥''

अर्थात् ''उस गजानन को नमस्कार है जो सभी गणो-प्राणियों द्वारा पूजा जाता है। उसको कपित्थ जामुन फल प्रिय होता है। इन सुन्दर फलों को चढ़ाने से उमासुत को सभी शोक-विकार नष्ट हो जाते हैं तथा विघ्नों की शांति हो जाती है। ऐसे विघ्नेश्वर के चरणों में मैं नमस्कार करता हूं।'

दिखने में इस श्लोक का अर्थ अत्यन्त साधारण है पर इसमें बहुत बड़ा रहस्य छिपा है। गणपति के बारे में कहा गया है कि 'शत मोदक प्रिय' एक बार में सौ लड्डु खा जाते हैं और निरन्तर मिष्ठान प्रिय होने के कारण गुड़ व मोदक खाते ही रहते थे। गणपति की खुराक भी तेज थी। ज्यादा मीठा खाने से प्राणी को मधुमेह हो जाती है। जिसे मधुमेह की बीमारी युवावस्था में हो जाती है, निरन्तर वीर्यक्षरण के कारण वह व्यक्ति प्रायः नंपुसक हो जाता है, संतान पैदा करने की क्षमता उसमें नष्ट हो जाती है।

गणपति की ऋद्धि-1संद्धि नामक गर्भधारण योग्य दो सर्वांग सुन्दर पत्नियां थी पर गणपति के कोई संतान नहीं हुई। निश्चय ही गणपति मधुमेह रोग से ग्रसित थे। उपर्युक्त श्लोक इस योग की पुष्टि ही नहीं इस रोग की निवृत्ति के उपाय भी बता रहा है। गणपति को जामुन प्रिय है, जामुन खाने से, जामुन की गोलियां खाने से मधुमेह नष्ट हो जाता है। गणपति को कपित्थ प्रिय है। केथ का फल बहुत ही कड़वा व कसैला होता है। यह मधुमेह नामक रोग का जड़ से नाश करता है। ऐसा विचित्र फल व औषधियां किसी देवता को नहीं चढ़ती, गणपति को ही क्यों? आशा है कि इसका वैज्ञानिक कारण प्रबुद्ध पाठक अब भली-भांति समझ गए होंगे।

इस श्लोक के दूसरे पद में जान-बूझकर 'उमासुतं' शब्द आया है। शब्दार्थ के रूप में तो यह उमा-पुत्र गणपति के लिए प्रयुक्त है। पर समाधि अर्थ दूसरा है, पार्वती, समस्त विश्व, सारे जगत् की माता है। यहां भावार्थ सब जगह के प्राणियों के लिए है। ऐसा नियम है कि जो प्रसाद देवताओं को चढ़ाया जाता है उस प्रसाद को व्यक्ति स्वयं भी खाता है। यदि मधुमेह के प्राणी नियमित गणपति की उपासना के साथ इन औषधियों का सेवन करेंगे तो उसके विघ्न, संताप स्वतः ही नष्ट हो जाएंगे।

प्र. 188 : गणपति अग्रपूज्य क्यों?

उत्तर : अनेक बुद्धिजीवी प्रायः यह प्रश्न करते हैं कि अनेक सुन्दर, शक्तिशाली व ओजस्वी देवताओं के होते हुए गणपति को ही अग्रपूज्य एवं देवताओं का अध्यक्ष क्यों बनाया गया? इसका पौराणिक दृष्टान्त तो यह है कि अपना अध्यक्ष चुनने के लिए देवताओं ने सभा बुलाई तथा उसमें यह प्रस्ताव रखा कि जो अपने वाहन पर तीनों लोकों (पृथ्वी, पाताल व आकाश) की सबसे पहले परिक्रमा कर आएगा, वही हमारा अध्यक्ष बनने की योग्यता रखेगा। सभी देवता अपने-अपने तेज गति के वाहनों में आकाश मार्ग में उड़ चले। गणेश जी का भारी शरीर और वाहन चूहा वहीं रह गए। गणेश जी ने धैर्य नहीं खोया अपितु अपने माता-पिता का तीन परिक्रमा करके सभापति के आसन पर बैठ

गए। सबसे पहले मयूर पर आरुढ़ कार्तिक स्वामी आए। सभापति के आसन पर गणेश को देखकर उन्हें क्रोध आया तथा हाथ में पड़े मुद्गर से लड्डू खाते हुए गणेश के दांत पर प्रहार किया। उनका एक दांत टूट गया। तब से गणेश जी 'एकदन्त' कहलाये। गणेश जी ने तर्क दिया कि तीनों लोकों के सुख-ऐश्वर्य के निवास माता-पिता के चरण-सेवा में है। मैंने उनकी चरण-वन्दना करके तीन परिक्रमा की। इसमें मुझे तीनों लोकों की परिक्रमा का पुण्य मिल गया और माता-पिता को छोड़कर जो तीन लोकों की परिक्रमा करता है वह निष्फल है? व्यर्थ है? उसे तीनों लोकों की यात्रा का फल नहीं मिलता। गणपति के बुद्धिमत्तापूर्ण तर्क से सभी निरुत्तरित हो गए। फलतः गणेश जी गणाध्यक्ष बन कर देवताओं के सभापति, अध्यक्ष व अग्रपूज्य हो गए। यहां इस प्रकरण में इस पौराणिक प्रसंग का तो यों ही उल्लेख कर रहा हूं असली बात तो यह है कि गणपति की जो ग्यारह विशेषता है वो यदि मनुष्य ग्रहण कर ले तो साधारण व्यक्ति भी अपने समाज में अग्रपूज्य, अग्रगण्य, समाज को कुशल नेतृत्व देने वाला नेता बन जाता है। इसलिए हमें गणपति से प्रेरणा लेनी चाहिए। यह प्रेरणा हमारे भौतिक, सांसारिक एवं आध्यात्मिक जीवन में बहुत ही उपयोगी एवं लाभप्रद है। इसमें आप कुछ भी ग्रहण कर पाएंगे तो मैं समझूंगा मेरे पुस्तक लेखन का पुण्य मुझे मिल गया।

ALWAYS WORSHIP GANPATI FOR FUNDAMENTAL QUALITY OF GREAT LEADERS.

गणाध्यक्ष–The King of King & Leader of Leaders.

1. बुद्धिमान, ज्ञानवान	Treasure of Knowledge
2. बड़े कान	Good Lisner
3. बड़ी नाक	Big Dignity खतरा सूंघने की शक्ति
4. एकदन्त	Firm Determination
5. चतुर्हस्त	Creativity शाम, दाम, दण्ड, भेद
6. एक हाथ में परशु	Dare to say No. Punishment for enemy
7. वरद हस्त	Always auspicious to others
8. लम्बोदर	Digestive-nature, Patience
9. विघ्ननाशक	Determination to destroy evil from society
10. मोदकप्रिय	Every time celebrating Lunch & Dinner for good-cause
11. मूषक सवारी	Technic to take work even from smallest creature.

श्री गणेश जी से प्रेरणा–भगवान श्री गणेश का विशाल मस्तक हमें भव्य व लाभदायी विचार ग्रहण करने की प्रेरणा प्रदान करता है। उनके बड़े-बड़े कान सुविचार व सलाहों को सुनने की प्रेरणा देते हैं। लटकी नाक प्रतिष्ठा एवं खतरों को सूंघने की प्रेरणा देती है। उनका छोटा मुंह कम बोलने की प्रेरणा देता है। एक दांत वचनबद्धता व छोटी आंखें ध्यान मग्नता का संकेत देती हैं। मोटा पेट पाचन शक्ति, धैर्यता को बताता है। परशु विघ्नों के विनाश हेतु एवं वरद मुद्रा मानव मात्र के शुभ व कल्याण हेतु है। ये गुण अन्य किसी देवता में नहीं है इसलिए गणपति अग्रपूज्य हैं।

प्र. 189 : सूर्य दक्षिणायन में मृत्यु प्रशस्त क्यों नहीं? इसका वैज्ञानिक रहस्य क्या है?

उत्तर : महाभारत में प्रसंग आता है कि भीष्म पितामह सम्पूर्ण रूप से घायल व क्षत-विक्षत होकर युद्धभूमि में गिर पड़े। उन्हें इच्छा मृत्यु का वरदान प्राप्त था। उन दिनों सूर्य दक्षिणायन में था। भीष्मपितामह ने ऐसी कष्टसाध्य दारुण अवस्था में सूर्य के उत्तरायण होने की प्रतीक्षा की थी। सूर्य के उत्तरायण आने पर माघशुक्ला अष्टमी को स्वेच्छा से प्राणों को त्याग दिया। सूर्य कर्क से मकर संक्रांति–छः माह तक दक्षिणायन में रहता है तथा मकर में मिथुन संक्रांति छः माह पर्यन्त उत्तरायण में रहता है। हिन्दू धर्म में 'दक्षिणायन' में हुई मृत्यु को अशुभ मानते हैं। इस लोकमान्यता के पीछे क्या वैज्ञानिक रहस्य छिपा है? आइए उसका पता लगाएं।

दक्षिणायन असुर क्षेत्र है, यह तथ्य लोकमान्यता के अतिरिक्त विज्ञान सम्मत है। दक्षिण शनि ग्रह और यम का क्षेत्र है। इस ओर सूर्यदेव की गति शनि ग्रह से आगे नहीं होती। इसी कारण इस दिशा में अंधकार का साम्राज्य रहता है। शास्त्रों के अनुसार इधर ही इस दिशा में 'अंधतामिस्त्र' नाम का नरक है। आधुनिक भौतिक विज्ञान भी शनि ग्रह से आगे सूर्य के प्रकाश का प्रभाव स्वीकारता है।

इसी वैज्ञानिक मान्यता के आधार पर कदाचित् शनि की मूर्ति या चित्र का निर्माण हुआ। शनि प्रथम तो अंधकार के प्रतीक काले रंग के भैंसे पर सवार कृष्णवर्णीय होकर सूर्य को अपने मुख में दबाए हुए हैं। शनिदेव की इस प्रतिमा से सिद्ध है कि सूर्य का प्रकाश शनि ग्रह तक पहुंचते आगे के लिए अवरुद्ध हो जाता है। अतः सूर्य जब दक्षिणायन होगा तो इससे प्रभावित 'मनप्राणवाक्' पर सर्वथा प्रतिकूल प्रभाव पड़ेगा। सूर्य की रश्मियां प्राणवायु को संचालित करती हैं। जब सूर्य रश्मियां दक्षिणायन की ओर प्रवृत्त होंगी तो प्राणवायु का 'अंधतमिस्र' की ओर जाने का खतरा बढ़ जाता है। इसलिए हिन्दू मान्यताओं के अनुसार दक्षिणायन में प्राणोत्सर्ग शुभ नहीं माने गए।

प्र. 190 : लक्ष्मी कहां रहती है कहां नहीं? इसमें क्या मनोविज्ञान है?

उत्तर : शाङ्र्गधर पद्धति, श्लोक 657 में लिखा है–

"कुचैलिंन दन्तमलोपधारिणं बह्वाशिनं निष्ठुर वाक्य भाषिणम्। सूर्योदय ह्यस्तमयेऽपि शायिनं, विमुञ्चति श्रीरपि चक्रपाणिम्॥"

अर्थात् जिसके वस्त्र तथा दांत गंदे होते हैं, जो बहुत खाता है, निष्ठुर (अप्रिय) भाषण करता है, जो सूर्यास्तकाल में भी सोया रहता है, वह चाहे चक्रपाणि विष्णु ही क्यों न हो, लक्ष्मी उसका परित्याग कर देती है।

महाभारत के अनुशासन पर्व में लक्ष्मीजी रुक्मिणी जी से कहती हैं कि हे सखी! निर्लज्ज, कलहप्रिय, निन्दाप्रिय, मलिन, अशान्त व असावधान लोगों का मैं अतीव तिरस्कार करती हूं। इनमें से एक भी दुर्गुण व्याप्त होने पर मैं घर त्याग देती हूं।

व्यावहारिक एवं वैज्ञानिक दोनों ही दृष्टि से देखें तो ज्यादा खाने वाला, गंदा दातों व वस्त्रों वाला व्यक्ति व दिन को सोने वाला व्यक्ति व स्त्री रोगी होगी। ऐसे अकर्मण्यशील रोगी व्यक्ति के पास रुपया कैसे आएगा। कलहप्रिय व निष्ठुर बोलने वाला, निन्दा प्रिय व्यक्ति समाज में कभी भी आदर का पात्र नहीं होता। उसके शत्रु भी बहुत होते हैं। आलसी, रोगी व अशांत व्यक्ति शत्रुओं का नाश करने में कभी भी सक्षम नहीं होता। उसके आगे बढ़ने के सारे मार्ग स्वत: ही अवरुद्ध हो जाते हैं।

एक लोकोक्ति है कि–अवसर कभी दुबारा आपका द्वार नहीं खटखटाता। वह देखता है कि व्यक्ति उसका स्वागत करने को तैयार नहीं है, तो वह उल्टे पैरों लौट जाता है। ऐसे ही असावधान व्यक्ति बहुमूल्य अवसरों को अनायास ही खो देते हैं तथा बाद में जीवन भर पछताते हैं। लक्ष्मी ऐसे असावधान व्यक्ति का साथ नहीं देती तथा इस प्रकार से उपर्युक्त धार्मिक बातें नीतिशास्त्र एवं मनोविज्ञान की दृष्टि से खरी उतरती है।

प्र. 191 : तुलसी को दांत से क्यों न चबाएं?

उत्तर : ऐसी जनश्रुति है कि तुलसी विष्णुभगवान की पत्नी है, इसलिए इसको दांतों से चबाकर नहीं खाना चाहिए।

वनस्पति वैज्ञानिकों ने खोज की और पाया कि सबसे ज्यादा पारा (Mercury) तुलसी के पौधे में होता है। कच्चा पारा यदि दांतों में लगा दिया जाए तो दांत तुरंत गिर जाते हैं।

इसलिए तुलसी-पत्ते सीधा जिह्वा के माध्यम से निगलने की परम्परा हिन्दू धर्म में प्रचलित है।

प्र. 192 : पूर्व और दक्षिण दिशा की ओर ही सिर रखकर क्यों सोएं?

उत्तर : वैखानस गुह्य सूत्र में (3/1/4) के अंतर्गत **''प्रत्यगुत्तर शिराश्च न स्वपिति''** अर्थात् उत्तर दिशा तथा पश्चिम दिशाओं में सिर कर के नहीं सोना चाहिए। इसी प्रकार यजुर्वेद शतपथ ब्राह्मण (2/1/127) में एक निषेध वचन है-**''तस्मादु हू न प्रतीचीन शिराः शयीत''** अर्थात् पश्चिम दिशा में सिर करके कभी न सोएं। सोते समय सिर सदैव पूर्व दिशा में हो। प्राचीन शास्त्रों में शयन (सोने) सम्बन्धी विधियों का वर्णन अनेक जगह मिलता है।

ऋषि-मुनियों द्वारा रचे गए धर्म-ग्रंथों में ऐसे अद्भुत प्रयोगों का वर्णन मिलता है, जिसका पालन करने से मनुष्य स्वास्थ्य एवं सुख की अनुभूति करता है। ये प्रयोग आज भी वैज्ञानिक कसौटी पर खरे उतरते हैं।

प्राचीन शास्त्रों के अनुसार सदैव उत्तर की ओर पैर करके सोना चाहिए अर्थात् सोते समय सिर दक्षिण दिशा की ओर रहना चाहिए। विज्ञान ने पृथ्वी को एक बड़ा चुम्बक माना है। जिसके दो ध्रुव हैं-एक उत्तर, दूसरा दक्षिण।

चुम्बक की बल रेखाएं उत्तर से दक्षिण की ओर गमन करती हैं, अतः उत्तर की ओर पैर करके सोने से उसका अनुकूल प्रभाव हमारे शरीर पर बहने वाले रक्त पर पड़ता है जिससे शरीर व्याधि मुक्त रहता है व दुःस्वप्न भी नहीं आते हैं, इत्यादि।

वैसे, हमारे यहां तो यह परम्परा चली आ रही है कि मृत्यु के पश्चात् शव को उत्तर की ओर सिर करके लिटाया जाता है। महर्षि दयानन्द सरस्वती का तो संस्कार-विधि में लेख भी है कि मृतक की अंत्येष्टि कर्म के समय सिर उत्तर ध्रुव की ओर

ही रखें। क्योंकि हमारे शरीर का एक सूक्ष्म प्राणी मस्तिष्क में भी होता है। दैहिक मृत्यु के पश्चात भी वह प्राणी कुछ समय तक मस्तिष्क में ही रहता है। उत्तर की ओर सिर करके शव को लेटाने में वह प्राण शीघ्र ही निकल जाता है। प्राचीन श्मशानों के दरवाजे के मुख भी इस नियम से बनाए जाते हैं। ताकि उसके प्रवेश करते समय शव का सिर उत्तर की ओर रहे। आजकल की पीढ़ी इस ओर ध्यान नहीं दे पा रही है। जबकि स्पष्ट है कि दक्षिण की ओर पैर करके सोना अपने मस्तिष्क प्राण का हनन करना है।

आधुनिक अनुसंधान–डॉ. शारदा सुब्रह्मण्यम् मद्रास के एक फिजियोलिस्ट, तथा डॉ. पी.बी. शंकर नारायण, उप निदेशक राष्ट्रीय भू-भौतिक अनुसंधान संस्थान, हैदराबाद भी इस निष्कर्ष पर पहुचें हैं कि सिर उत्तर या पश्चिम दिशा में रखकर नहीं सोना चाहिए। उन्होंने पृथ्वी के चुम्बकीय क्षेत्र में मनुष्यों के स्वभाव पर असर पड़ने का गहन अध्ययन किया है। उसके अनुसार उत्तर दिशा मे सिर रखकर सोने से प्रमुख तरंगें दब जाती हैं तथा उत्साह-विहीनता, बेचैनी और सामान्य सुस्ती पैदा हो जाती है। इसके विपरीत हम पूर्व दिशा की ओर सिर करके सोते हैं तो अतिशय शांति, सजगता तथा स्वस्थता का अनुभव होता है।

इन प्रयोगों के बाद इन्होंने एक विशिष्ट चुम्बकीय क्षेत्र वाला उपकरण तैयार किया है, जिससे शारीरिक क्रियाओं का परीक्षण किया जा सकता है। प्रायोगिक जन्तुओं पर नियंत्रित चुम्बकीय क्षेत्र में किए गए परीक्षणों से प्रतीत होता है कि विभिन्न जैविक क्रियाएं, जैसे श्वसन, दिल की धड़कनें, स्पंदन आदि इनसे प्रभावित होती हैं। इस कारण उत्तर की ओर सिर रखकर नहीं सोना चाहिए।

प्र. 193: धर्मशास्त्र में स्वर्ण को श्रेष्ठ धातु क्यों माना है? पूजा-पाठ में अन्य धातुओं का क्या स्थान है?

उत्तर : धर्मशास्त्र मे स्वर्ण को धातुओं का राजा कहा गया है, क्योंकि स्वर्ण में जंग नहीं लगता। यह विकृत नहीं होता। इसकी क्रान्ति व चमक स्थाई रहती है। इसलिए देवताओं के आभूषण, राजसी पूजा के लिए स्वर्ण सिंहासन एवं स्वर्ण के बर्तन ही काम में लिए जाते हैं। इसके बाद चांदी फिर तांबा, कांस्य एवं पीतल प्रतिमाओं का स्थान आता है। इनकी वैज्ञानिकता मान्यता इस प्रकार है–

सोने के बर्तन–वैदिक युग में इसका प्रयोग राजा-महाराजा किया करते थे। ऐसे कई पौराणिक कहानियां मिलती हैं जिनमें किसी राजा द्वारा ऋषि-मुनियों का सत्कार करने के लिए सोने के बर्तनों का प्रयोग किया करते थे। कृष्ण भगवान ने भी सोने के बर्तनों का प्रयोग किया था और सोने के बर्तन में सुदामा के पैर धोए थे।

सोने के बर्तन में जंग नहीं लगती। विशुद्ध सोने के बर्तन का प्रयोग करने से शरीर में बल और वीर्य की वृद्धि होती है। सुवर्ण में रोग प्रतिरोधक शक्ति सबसे अधिक होती है। फ्रांस के मशहूर विद्वान बरंग्गार तो यहां तक कहते थे कि सोने का अधिक-से-अधिक उपयोग करने से मनुष्य कैंसर जैसी घातक बीमारियों से बच सकता है। प्रयोगों में यह सिद्ध हो गया है कि सोने में रोग-प्रतिरोधक क्षमता बहुत ज्यादा होती है। आयुर्वेद के अनुसार–''सुवर्ण, शीतल, वीर्यवर्द्धक, बलदायक, भारी, रसायन, स्वादिष्ट, कड़वा, कसैला, पाक में मीठा, पिच्छिल, पवित्र, पुष्टिदायक, नेत्रों को हितकारी, बुद्धि, स्मरणशक्ति तथा विचारशीलदायक, हृदय को प्रिय, आयु को बढ़ाने वाला, कांति तथा वाणी को स्वच्छ करने वाला, स्थिरतादायक व दो प्रकार के स्थावर, जंगम विष, क्षय, उन्माद, तीनों दोष व ज्वर का नाषक है।''

चांदी के बर्तन–चांदी के बर्तन भी प्राचीनकाल से प्रयोग होते आ रहे हैं। आज भी कई सम्पन्न घरों में चांदी के

टी-सैट और ग्लास आदि का उपयोग होता है। चांदी की प्रकृति शीतल होती है; अत: चांदी के बर्तनों का प्रयोग पित्त को दूर करता है, मानसिक शांति व शरीर में शीतलता प्रदान करता है। यही नहीं, चांदी के बर्तनों का प्रयोग करने से आंखों की ज्योति भी बढ़ती है। आयुर्वेद शास्त्र कहता है–

''रूप्य, शीतं कषायाम्लं स्वादु पाकरसं सरम्।
बयसः स्थापनं, स्निग्ध, लेखनं, वातपित्तजित्।।
प्रमेहादिकरोगाश्च नाशयत्वचिदाद् ध्रुवम्।।''

अर्थात् चांदी शीतल, कसैली, खट्टी, पाक में तथा रस में मधुर, दस्तावर, आयुस्थापक, स्निग्ध, रेचक, वात तथा पित्तर को जीतने वाली और प्रमेहादि रोगों को शीघ्र नष्ट करती है।

तांबे के बर्तन–वैसे भी आधुनिक युग में तांबे के बर्तन आउट डेटेड हो गए हैं। हां, अभी भी मंदिर में पूजा के बर्तन तांबे के ही होते हैं। तांबा भी कम गुणकारी नहीं होता। कब्ज के मरीजों के लिए तांबे के बर्तन विशेष हितकारी होते हैं। तांबे के बर्तन में रखा बासी पानी पीने से पेट साफ हो जांता है। तांबे के बर्तन चूंकि अपेक्षाकृत अधिक भारी होते हैं, अत: उसमें खाना धीरे-धीरे पकता है जो कि अधिक पौष्टिक होता है तेज आग पर खाना पकाने से भोजन में पौष्टिक तत्त्व कम हो जाते हैं। भावप्रकाश के अनुसार–

''शुक्रं यत्कार्तिकेयस्य पतितं धरणीतले।
स्मात्ताम्रं समुत्पन्न मिदशमाहुः पराविद।।''

अर्थात् कार्तिकेय स्वामी का शुक्र पृथ्वी पर गिरने से तांबा हो गया। यह तांबा, कसैला, मधुर, कड़वा, खट्टा, पाक में चटपटा, दस्तावर, पित्त तथा कफ को नष्ट करने वाला, शीतल, रोपण (घाव को भरने वाला) पाण्डुरोग, उदररोग, बवासीर, ज्वर, कोढ़, खांसी, श्वास, क्षय, अम्लपित्त, सूजन, कृमि तथा शूल को नष्ट करता है।

कांसे क बर्तन–पहले कांसे के बर्तनों का प्रयोग किया जाता था। आजकल वैसे तो इनका प्रयोग नहीं किया जाता है लेकिन बड़े बुजुर्गों की रसोई में कांसे के कुछ बर्तन तो अब भी मिल ही जाएंगे। यह बर्तन भी कम हितकारी नहीं होते। इन बर्तनों का प्रयोग से पित्त की शुद्धि होती है और बुद्धि बढ़ती है। आयुर्वेद कहता है–

''पैत्तलं वातकृद्रक्षमुष्णं कृमि कफ प्रणुत''

अर्थात् पीतल का पात्र वातकारके रुक्ष, ऊष्ण और कृमि तथा कफ को दूर करने वाला होता है।

पीतल के बर्तन–जब तक स्टील के बर्तन अधिक प्रचलित नहीं थे तब तक पीतल के बर्तनों का बहुतायत में प्रयोग होता था। आज भी प्रत्येक रसोई में पीतल के कुछ बर्तन विशेष रूप से भगौने आदि तो मिल जाएंगे। पीतल की प्रकृति गरम होती है। अतः इन बर्तनों में बनाया गया भोजन कफ को दूर करता है। पीतल के बर्तनों में कीटाणुओं को नष्ट करने की क्षमता भी कम नहीं होती है। अतः पीतल के बर्तनों में तैयार भोजन शरीर को निरोग रखता है लेकिन पीतल के बर्तनों पर कलई करवाना आवश्यक है क्योंकि बिना कलई किए हुए बर्तनों में खट्टी वस्तु पकाने पर पर विष हो जाती है।

प्र. 194 : रत्न जड़ित गहने क्यों पहनें?

उत्तर : **भूषणैर्भूषयेदंङ्ग यथायोग्यं विधानतः।**
शुचि सौभाग्य संतोषदायकं काञ्चन स्मृतम्।।
ग्रहदृष्टिहरं पुष्टिकरं दुःस्वप्न नाशनम।
पापदौर्भाग्यशमनं रत्नाभरणधारणम्।।

भावप्रकाश-पृष्ठ 84

स्वर्ण के अलंकार परम पवित्र हैं। इन्हें यथायोग्य विधि से शरीर पर धारण करने से सौभाग्य एवं संतोष बढ़ता है। रत्नजड़ित सुवर्ण आभूषणों को धारण करने से ग्रहों की पीड़ा तथा दुष्टदृष्टि और दुःस्वप्नों का नाश होता है।

वासः श्रृंगाररत्नानां धारणं प्रीतिवर्धनम्।

रक्षोघ्नमर्थ्यमोजस्यं सौभाग्यकर मुत्तमम्॥

आयुर्लक्ष्मीकरं रक्षोहरं मंगलदं शुभम्।

हिस्रादिभय विध्वंसि वशीकरणकारणम॥

वस्त्र, सुगंध, माला और रसों को धारण करने से प्रीति बढ़ती है, राक्षस बाधा दूर होती है, धन, ओज (सामर्थ्य) और सौभाग्य–इसकी वृद्धि होती है। मांगलिक पदार्थों का धारण करने से आयु बढ़ती है, लक्ष्मी मिलती है, राक्षसादि का भय दूर होता है, मंगल तथा शुभकारक है। सिंहादि हिंसक जीवों के भय को दूर करता है और वशीकरण कर्त्ता है।

तुलसी कटुका तिक्ता हृद्योष्णा दाहपित्तकृत।

दीपनी कुष्ठकृच्छास्त्र पार्श्व रूक्कफवात जित्॥

तुलसी–चटपटी, कड़वी, अग्निप्रदीपक, हृदय को हितकारी, गरम, दाह तथा पित्त करने वाली और कुष्ठ, मूत्रकृच्छ रक्तविकार, पसली की पीड़ा, कफ तथा वात को नष्ट करती है। सफेद और काली तुलसी दोनों गुणों में समान कही गयी है।

प्र. 195: क्या भूगर्भविज्ञान, भूगोल की ज्योतिष विज्ञान में तुलना संभव है।

उत्तर : भूगर्भ वैज्ञानिक एवं भूगोलविज्ञानी सैकड़ों बेशकीमती आधुनिकतम यंत्रों, कम्प्यूटरों भूकम्पमापी रियेक्टरों के होते हुए भी यह नहीं बता सकते कि पृथ्वी पर भूकम्प कब आएगा? कहां, किन–किन देशों, स्थानों पर आएगा? क्यों आएगा? उससे जनहानि होगी या नहीं?

जबकि ज्योतिष विज्ञान में इन सब प्रश्नों के तर्क सम्मत वैज्ञानिक उत्तर है ज्योषितशास्त्र अपनी गणनाओं के आधार पर यह बताने में सक्षम है कि भूकम्प कब आएगा? कहां–किन–किन देशों में आएगा? उससे कितनी जनहानि होगी? ईसा से सैकड़ों वर्ष पूर्व ज्योतिषशास्त्र प्रवर्तक आचार्य वराहमिहिर ने 'बृहत्संहिता' में पूरा भूकम्पलक्षणाध्याय लिखा है। इसके लिए प्रबद्ध पाठक हमारे द्वारा लिखित 'भूकम्प के ज्योतिषीय विश्लेषण पर सारगर्भित' अध्ययन अवश्य पढ़ें।

प्र. 196 : क्या भौतिक विज्ञान और ज्योतिष विज्ञान की तुलना संभव है?

उत्तर : भौतिक विज्ञान जिसे फिजिक्स (Physics) कहते हैं। इसकी कई शाखाएं हैं। इस विज्ञान को स्थापित करने के लिए पदार्थ विज्ञान, अणु-परमाणु की परिभाषाएं, गुरुत्वाकर्षण विज्ञान Law of Gravitation इत्यादि अनेक तथ्यों पर विस्तृत चर्चा है। पर Law of Gravitation जो न्यूटन द्वारा परिभाषित था, आज वह बदल गया। बार-बार परीक्षण व अनुसंधान से परिभाषाएं एवं सिद्धांत बदलते रहते हैं।

पर ज्योतिषविज्ञान में हजारों-हजारों वर्ष पूर्व दिव्य द्रष्टा ऋषियों द्वारा जो सूत्र स्थापित किए गए, उसमें रंच मात्र भी बदलाव की कोई गुंजाइश नहीं है। पृथ्वी सूर्य से कितनी दूर है। चंद्रमा कितने घंटे व मिनट में पृथ्वी की परिक्रमा करेगा। सूर्य-ग्रहण, चंद्र ग्रहण भिन्न-भिन्न देश-प्रदेश के सूर्यास्त-सूर्योदय, चन्द्रास्त-चन्द्रोदय के जो सूत्र स्थापित किए गए। इसमें रंच मात्र परिवर्तन आज तक नहीं हुआ है न होगा।

इसी प्रकार फलादेश के मंत्रों संहिता-ग्रंथों में प्राकृतिक प्रकोप, वर्षा, इन्द्रधनुष, दिग्दाह, शकुन-शास्त्र में पीढ़ी-दर-पीढ़ी जो अनुसंधान कर सूत्र स्थापित किए गए। उसमें एकसूत्रता, एकवाक्यता की स्थिति एवं उनके परिणामों की स्थिति ज्यों-की-त्यों बनी हुई है। इससे भी परिलक्षित होता है कि भौतिक विज्ञान भी ज्योषित शास्त्र के सामने बौना है।

प्र. 197: क्या पृथ्वी के गुरुत्वाकर्षण सिद्धांत के आविष्कारक न्यूटन थे?

उत्तर : यह मात्र अंग्रेजों द्वारा फैलाया गया भ्रमजाल है। न्यूटन का काल 1640 से 1700 ईस्वी का रहा है।

न्यूटन से बहुत पहले सिद्धान्त ज्योतिष के प्राचीन ग्रंथ में उपलब्ध थे। जिनमें सूर्य सिद्धांत अपौरुषेय माना जाता है। इन्हें अपौरुषेय न भी माने तो भी इसकी उपस्थित ईसा के कई सौ वर्ष पूर्व थी। जिसमें ग्रह-गणित, सूर्य-चंद्र ग्रहणा, शृंगोन्नति, वेध, ग्रह-युद्ध, पृथ्वी के आकर्षण-विकर्षण सिद्धान्त ग्रहों के

आकर्षण-विकर्षण सिद्धान्त का भली-भांति निरूपण सूत्रात्मक भाषा में किया गया है।

इसके पश्चात् आर्यभट्ट, भास्कराचार्य, ब्रह्मगुप्त एवं वराहमिहिर ने पृथ्वी के आकर्षण सिद्धान्त को परिष्कृत किया। न्यूटन इन्हीं ग्रंथों को बहुत रुचि से पढ़ता था और भारतीय ज्योतिष का दीवाना था। वे दिन रात भारतीय ज्योतिष ग्रंथों का अध्ययन करता रहता थे। उनके वैज्ञानिक मित्र हैली ने भरी सभा में न्यूटन पर व्यंग्य करते हुए पूछा–

"Why do you believe in Indian Astrology?"

न्यूटन ने बड़ी विनम्रता से जवाब दिया–

"Sir! I have studied it, you have not."

न्यूटन की यह प्रतिक्रिया उन सभी लोगों के लिए पर्याप्त हैं, जिन्होंने ज्योतिषशास्त्र का विधिवत् अध्ययन नहीं किया है।

प्र. 198 : ग्रह-गोल क्यों होते हैं?

उत्तर : धरती गोल है, सूर्य और चंद्रमा भी गोल हैं, यहां तक कि सभी ग्रह, उपग्रह और तारे भी गोल हैं। क्या आप जानते हैं कि ब्रह्माण्ड के ये सभी पिंड गोल क्यों होते हैं? विज्ञान के सिद्धांत के अनुसार ब्रह्मांड की हर वस्तु न्यूनतम ऊर्जा स्थिति में रहना चाहती है। न्यूनतम ऊर्जा स्थिति में ही वस्तुओं में अधिकतम स्थिरता आती है। अत: अधिकतम स्थिरता के लिए वस्तु की ऊर्जा न्यूनतम होनी चाहिए। सभी पिंडों की बनावट ही ऐसी है जिसकी सतह का क्षेत्रफल सबसे कम होता है, इसलिए गोलाकार वस्तुओं की सतह की ऊर्जा न्यूनतम होती है। इसी न्यूनतम ऊर्जा या अधिकतम स्थिरता को प्राप्त करने के लिए वस्तुएं गेंद जैसा आकार धारण करने की कोशिश करती है। यही कारण है कि सूरज, चांद, तारे, धरती और दूसरे सभी खगोलीय पिंडों की बनावट गोल होती है। वर्षा में गिरने वाली पानी की बूंदे भी गोल होती हैं। इसका कारण भी यही है कि गोलाकार बूंद की सतह की ऊर्जा निम्न होती है और उसकी स्थिरता अधिकतम होती है। पानी की बूंदें किसी भी तरीके से पैदा की जाएं वे तुरंत ही गोलाकार रूप में बदलने का प्रयास करती है।

प्र. 199: क्या खगोलविज्ञान एवं ज्योतिषशास्त्र की तुलना संभव है?

उत्तर : अक्सर खगोलविज्ञान को लोग ज्योतिषशास्त्र या ज्योतिष विज्ञान समझ लेते हैं। जो गलत है। खगोलविज्ञान का ज्योतिष शास्त्र से कोई संबंध नहीं। फिर भी खगोलवैज्ञानिक ज्योतिषियों की तरह भविष्यवाणियां करते हैं। प्रिन्ट एवं विज्यूल मीडिया भी उन्हें बेवजह महत्त्व देती है। जबकि सच्चाई यह है कि विदेशी खगोल शास्त्रियों ने दुनिया को सबसे अधिक डराया, खगोलशास्त्रियों की 99.99% भविष्यवाणियां सदैव गलत हुई।

1979 में पृथ्वी पर स्काईलैब के गिरने की खबर ने विश्व को आतंकित किया..... विश्व के प्रत्येक कोने में बहुचर्चित स्काईलैब का इतिहास अत्यंत रोचक व रोमांचक रहा है। यह मानव द्वारा अंतरिक्ष में अब तक छोड़ा गया सबसे वजनी उपग्रह था। 77.5 टन वजनी अमरीकी व्योम प्रयोगशाला (स्काईलैब) 14 मई, 1973 को अंतरिक्ष में छोड़ी गई। वास्तव में जिस समय इसे अंतरिक्ष में छोड़ा गया था तब से ही इस संयंत्र के साथ गड़बड़ी रही।

अमरीकी अंतरिक्ष केन्द्र ह्यूस्टन के वैज्ञानिकों के अनुसार इसके गिरने के पूर्व इसका 50 टन भारी मलबा जमीन पर गिर चुका है। 8 अप्रैल, 1975 को एक वज्रपात हुआ जब स्काईलैब के प्रत्येक 6000 पौंड वजन चार सुरक्षा कवचों में से एक केरिबिनयन समुद्र में व दूसरा भारत के पश्चिमी तट से परे हिन्द महासागर की गहराइयों में समा गए।

अमरीकी वैज्ञानिक इंजीनियरों को यह आशा नहीं थी कि यह विशाल संयंत्र 6 वर्ष के भीतर ही खराब होकर धरती पर आ गिरेगा।

स्काइलैब एक वैज्ञानिक घोड़ा, जो इंसान के काबू के बाहर हो गया–25 करोड़ की लागत से बना यह संयंत्र चार वर्ष में 369 किमी. ऊंचे परिक्रमा पथ को छोड़कर 2.8 किलोमीटर की रफ्तार से प्रतिदिन पृथ्वी के निकट आने लगा। टूट-फूट, ईंधन की समाप्ति और अन्य तकनीकी खराबियों के कारण स्काईलैब अब मात्र धातु का एक पिंड बनकर रह गया।

स्काईलैब का यंत्र-प्रणाली इतनी खराब हो गई पृथ्वी पर से इसका नियंत्रण कर पाना कठिन हो गया और यह वैज्ञानिक घोड़ा इंसान के काबू के बाहर हो गया।

वैज्ञानिक आंकड़े कितने गलत–अमेरिकी इंजीनियर वैज्ञानिक बर्ल पेने ने 'साइंस टुडे' में स्काईलैब के गिरने की तारीख 21 जून, 79 बताई। एक अन्य समाचार एजेंसी नासा के अनुसार स्काईलैब की दूसरी तारीख 4 जुलाई से 28 जुलाई बतायी गई। अमरीकी वैज्ञानिकों के पास इसका परिक्रमा पथ, कीमती कम्प्यूटर, टेलीविजन एवं रेडियो सम्पर्क निरन्तर बना रहा जो कि इसके गिरने के 10 मिनट पहले ही टूट पाया। लाखों वैज्ञानिक मस्तिष्क इसकी गति पर क्रियाशील थे फिर भी हर बार स्काइलैब के गिरने की तारीखें एवं स्थान बदलते रहे। दुनिया के प्रत्येक देश ने इससे बचने के लिए सुरक्षा उपाय किए, हवाई उड़ान रद्द कर दी गई। विश्व का हर प्राणी इससे आतंकित व भयभीत था तथा कई लोग तो इसके भय से मर भी गए। दुनिया में इतना भय व खौफ का वातावरण पहले कभी नहीं देखा गया। नासा के अनुसार स्काईलैब के टुकड़े 6437 किमी. चौड़ी धरातलीय पट्टी पर गिरने से घनी आबादी वाले क्षेत्र में करोड़ों व्यक्तियों की मृत्यु हो सकती है। भारत के प्रमुख अंतरिक्ष विज्ञानी डॉ. आर.एस. श्रीवास्तव ने बताया कि यदि इसकी इस्पाती टुकड़े समुद्र में गिरेंगे तो वहां चारों ओर 100 वर्ग किलोमीटर तक तूफान आ जाएगा। यदि हिमालय की बर्फीली चट्टान पर भी इनके टुकड़े गिरंगे तब भी इसका उत्पाद कुछ कम नहीं होगा।

भारत पर स्काईलैब का कोई टुकड़ा नहीं गिरेगा–

25 जून, (हि.स.)

ज्योतिर्हस्त अनुसंधान केन्द्र के निदेशक व 'अज्ञातदर्शन' के विद्वान सम्पादक सिद्ध ज्योतिषी पं. भोजराज द्विवेदी ने अमेरिका द्वारा प्रक्षेपित अंतरिक्ष प्रयोगशाला स्काईलैब से करोड़ों लोगों की तबाही को बेबुनियाद, मिथ्या गल्प बताते हुए दावा किया है कि भारत की भूमि पर स्काईलैब का कोई टुकड़ा नहीं गिरेगा।

खगोल मण्डल को गणना करते हुए श्री द्विवेदी ने बताया कि राहु-शनिवार की अंशात्मक युति के कारण, 25 जुलाई के आसपास स्काईलैब हजारों बारीक टुकड़ों में बंट जाएगा।

इसका मलबा दक्षिण समुद्रतट महासागर के 80 से 60 डिग्री पूर्वी रेखांश के बीच गिरेगा।

–दैनिक नवज्योति

नवग्रहों के इकट्ठे होने पर जो भय दुनिया को नहीं हुआ उससे भी हजारों गुना बढ़ाकर इन वैज्ञानिकों ने अपने कपोल कल्पना से दुनिया को भय-त्रस्त कर दिया। उस पर तुर्रा यह कि भारत का हर समाचारपत्र उसमें और अधिक नमक-मिर्च लगाकर उसे छापे जा रहा था। करोड़ों मनुष्यों के भोले-भाले हृदय को भ्रमित करने वाले, उनके दैनिक जीवन को अस्त-व्यस्त करने वाले, क्या वे वैज्ञानिक उपलब्धियां मानवता के नाम पर कलंक नहीं? वैज्ञानिक आंकड़ों के नाम पर अड़-बड़ समाचार छापना क्या नैतिक नियमों के विरुद्ध नहीं?

आखिर गिरे जमीं पर ऊंची उड़ान वाले–12 जुलाई 79 को भारतीय समय के अनुसार 9 बजकर 57 मिनट पर स्काईलैब ने पृथ्वी के वायुमण्डल में प्रवेश किया। पृथ्वी के गुरुत्वाकर्षण के घर्षण से यह आग के गोले में परिवर्तित होकर टुकड़े-टुकड़े हो गई, तथा उसका अधिकांश मलबा भारत के दक्षिण हिंद महासागर में गिरा। भारत के सुप्रसिद्ध ज्योति व 'अज्ञातदर्शन' के प्रधान सम्पादक श्री द्विवेदी द्वारा पूर्व घोषित भविष्यवाणी शत-प्रतिशत सही हुई। 14 जून, 79 को ही हिन्दुस्तान समाचार व समाचारभारती ने इनके ज्ञान को सम्पूर्ण भारत में प्रसारित किया जो कि लगभग 150 से अधिक सभी समाचार-पत्रों में छपा।

विज्ञान के मुंह पर तमाचा–आधुनिक विज्ञान ने करोड़ों की लागत से वेधशालाओं के जरिए जितने निरीक्षण किए वे सभी समय-समय पर बदलते रहे। जबकि ज्योतिष विज्ञान द्वारा प्रदत्त बहुत समय पूर्व की भविष्यवाणियां सत्य प्रमाणित होती रही हैं। यह आधुनिक विज्ञान पर भारतीय ऋषि प्रणीत ज्योतिष विज्ञान की भारी विजय का ज्वलंत प्रमाण है। इस दिव्य विज्ञान

की सहायता स वैज्ञानिक युग बहुत लाभ उठा सकता हें। यदि ज्योतिष तथा विज्ञान परस्पर हाथ से हाथ मिला कर चलें।

पृथ्वी गुब्बारे की तरफ फूल रही है–अमेरिकी खगोलशास्त्री डॉ. नार्ट जे. ने विश्व के सभी समाचार-माध्यमों में यह प्रकाशित कराया था कि पृथ्वी गुब्बारे की तरह फूल रही है तथा 1990 तक अनेक प्रकार की गैसों की अधिकता के कारण फट जाएगी। पर आज तक नहीं फटी।

1980 का पूर्ण सूर्य ग्रहण विश्व के लिए खतरनाक होगा–इस दशक में खगोल वैज्ञानिकों ने जोरदार भविष्यवाणियां 16 फरवरी, 80 के पूर्ण सूर्य ग्रहण के बारे में की थी कि बंदर जमीन पर लटक आएगा। पशु-पक्षी चहकना बंद कर देंगे। दिन में तारे दिखाई देंगे। भूकम्प के झटके आएंगे पर सभी भविष्यवाणियां शत-प्रतिशत गलत निकलीं। इसके विपरीत डॉ. भोजराज द्विवेदी ने इस सूर्य-ग्रहण के बारे में जो-जो आकलन किए, वे शत-प्रतिशत सही निकलें। विज्ञान ज्योतिष के सामने फिर परास्त हुआ। इसकी सूचना स्थानीय समाचारपत्रों में छपी।

भविष्यवाणी सत्य साबित हुई–जोधपुर 4 फरवरी को राजस्थान पत्रिका में पं. भोजराज द्विवेदी द्वारा की गई ग्रहणकाल की भविष्यवाणी सत्य साबित हुई जिसमें जोधपुर से सूर्य के ग्रसित प्रतिबिम्व का चित्र एवं जो समय दिया गया उसमें एक क्षण का भी फर्क नहीं पड़ा। इसी हिसाब से 'अज्ञातदर्शन' में वर्णित सभी शहरों की ग्रह गणित भी शत-प्रतिशत सही निकली। श्री द्विवेदी ने 'नवभारत टाइम्स' में प्रकाशित एक वक्तव्य में बताया था कि सूर्य-ग्रहण काल में जन्म बच्चों की आंखें चितकबरी होंगी सो जोधपुर शहर में उस दिन 11 बच्चे जन्में। निरीक्षण करने पर सबकी आंखों में एक विशेष प्रकार की चमक पाई गयी।

प्र. 200 : क्या मेडिकल साइंस व ज्योतिष शास्त्र की तुलना संभव है?

उत्तर : आम धारणा है कि 'मेडिकल साइंस' को लोग परिपूर्ण विज्ञान मानते हैं। परन्तु जब ज्योतिष शास्त्र एवं मेडिकल साइंस की तुलना करें तो मेडिकल साइंस ज्योतिष के सामने बौना है।

8 अप्रैल, 1992 की बात है। मोदी नगर में 'ऑल इण्डिया मेडिकल ज्योतिष सम्मेलन' हुआ। उपर्युक्त बात को लेकर भारत के दस चुनिन्दे डॉक्टरों और मेरे बीच वाक्‌युद्ध छिड़ गया। आधुनिक विज्ञान में घोड़े पर चढ़े ये डॉक्टर ज्योतिष को मेडिकल साइंस के समकक्ष तो क्या, ज्योतिष को 'विज्ञान' की श्रेणी में रखने को तैयार नहीं थे। तर्क में तो लगभग वे मुझसे से हार गए। पर (Practical Knowledge) को लेकर वे सभी लोग बढ़-चढ़कर शेखी बघार रहे थे। इसी बीच लंच के बाद दूसरा सत्र प्रारंभ होने को था। गरमागरम बहस का आनन्द लेने के लिए 300-400 भद्र पुरुष हमारे चारों ओर एकत्रित हो चुके थे। अवसर अनुकूल देखकर मैंने उन सभी डॉक्टरों को प्रैक्टिकल चुनौती दे डाली-"आप इन भीड़ में से कोई दस व्यक्तियों को चुन लीजिए। ये आपको कुछ नहीं बताएंगे कि इनको क्या बीमारी है? आप अपने सारे आधुनिकतम यंत्र, लैबोट्री टेस्ट, मीटर, थर्मामीटर लगाकर बताइए किसको पेट-दर्द है? किसको सिर-दर्द है? अगर आप नहीं बता पाएं तो आपको डॉक्टरी करना छोड़ना होगा। दरअसल रोगी ही डॉक्टर को अपनी सारी बीमारी स्वयं बताता है। डॉक्टर रोगी से गहन पूछताछ करके ही रोग का पता लगाने की कोशिश करता है और फिर अनेक प्रकार की दवाइयों को उस रोगी पर परीक्षण करता है। समय-समय पर दवाइयां बदलता रहता है। कई बार ऐसा भी होता है कि ज्यों-ज्यों दवा दी, रोग बढ़ता गया। क्योंकि वह रोग कीटाणु जनित न होकर कर्मज रोग होता है। कई बार सब कुछ ठीक होते हुए भी रोगी की मृत्यु हो जाती है। शत-प्रतिशत निश्चित जैसा मेडिकल साइंस में कुछ भी नहीं है। रोगी ठीक भी हो सकता है। पर नहीं हो सकता है। सब कुछ अनिश्चित है। अब जब तक रोगी सामने न हो, रोगी की मेडिकल रिपोर्ट सामने न हो, डॉक्टर रोगी के बारे में कुछ नहीं बता सकता।"

ज्योतिष में ऐसा नहीं है हमने व्यक्ति को देखा नहीं। व्यक्ति हमारे सामने भी नहीं। उसकी कोई टैस्टिंग रिपोर्ट, उसके बारे में कुछ भी जानकारी जन्म-तिथि इत्यादि देने का हमें कष्ट न करें। केवल दस कुण्डलियां दे दीजिए। हम अपने आप बता

देंगे कि व्यक्ति का उम्र क्या है। वह कब पैदा हुआ? उसको क्या रोग है? ज्योतिष शास्त्र में लिखा है–"**व्यव भावगते चंद्र वाम चक्षु विनश्यति**" चंद्रमा यदि बारहवें स्थान में हो तो यह व्यक्ति बाएं आंख से काना है। नीच का मंगल लग्न में है तो उसे उच्च रक्तचाप है, रक्त विकार, मस्से की बीमारी है। मारक दशाएं चल रही हैं, घातक चंद्रमा है तो व्यक्ति निश्चित मरेगा और अमुक तारीख को मरेगा। कारक दशाएं चल रही हैं व्यक्ति का बाल बांका नहीं होगा। अमुक योग के कारण व्यक्ति को 'हार्ट अटैक' होगा। अमुक अंग बेकार हो जाएगा। ज्योतिष में सब कुछ निश्चित है। मैंने कहा–आप यही चुनौती स्वीकार करें। हम कुण्डली से बताना शुरू करते हैं। आप मनुष्यों को देखकर अपने ज्ञान व यंत्रों के माध्यम से रोग बतावें। यदि हमारा प्रतिशत अधिक सही दिखता है तो हमें मानिए। यदि आपका प्रतिशत सही निकलता है तो हम आपके ज्ञान का लोहा मान जाएंगे। फैसला उपस्थित जनता-जनार्दन के हाथ में सौप दीजिए।

मेडिकल ऐस्ट्रोलॉजी बहुत तरक्की कर चुकी है। ज्योतिष की स्पष्ट मान्यता है कि चिकित्साएं एक सीमा तक ही रोग का इलाज कर सकती है। ज्योतिष की मान्यता है कि औषधियां यदि रोगी को ठीक करने में निर्णायक सिद्ध होती तो किसी व्यक्ति की मृत्यु नहीं होती। मृत्यु अनिवार्य है और उसका इलाज किसी डॉक्टर, वैद्य या हकीम के पास नहीं है।

दैनिक जीवन में हम देखते हैं कि डॉक्टर कहता है–'ऑपरेशन सक्सेसफुल' और तत्काल रोगी की मृत्यु हो जाती है। दूसरी तरफ हम देखते है कि एक व्यक्ति सदाचारी जीवन जी रहा है, स्वच्छ रहता है, दूसरों के हाथ का खाना भी नहीं खाता, उबला हुआ पानी पी रहा है। फिर भी उसे श्वेत कुष्ठ, कैंसर जैसे भयंकर रोग हो जाते हैं जिसका इलाज भी संभव नहीं। ज्योतिष कहता है–"**कालो जगत्भक्षक:**" यह काल (समय) विशेष ही है जो व्यक्ति को बीमार करता है व उसे मार डालता है। यह सारा संसार उस काल (समय विशेष) के अधीन है। केवल कुशल ज्योतिष ही उस काल पुरुष की गणना कर उसे समझने की सामर्थ्य रखता है।

आखिरकार बीस व्यक्ति ऐसे चुने गए जिनके पास प्रमाणिक कुण्डलियां थीं। डॉक्टर लोग केवल चार व्यक्ति का सही रोग बताकर 20 प्रतिशत लोगों का सही परीक्षण कर पाए, तथा ज्योतिषियों ने 17 व्यक्तियों का सही परीक्षण किया। शेष तीन व्यक्तियों की जन्मकुण्डलियां संशयास्पद निकली। इस पर पूरे सम्मेलन का सर्वोच्च पुरस्कार 'ज्योतिष आयुर्विज्ञान भूषण की उपाधि' शाला-दुशाला एवं एक बहुत बड़ी ट्रॉफी सर्वश्रेष्ठ कालज्ञाता के रूप में इस पुस्तक के लेखक को प्रदान की गई।

कई बार हम लॉयन, रोटरी जैसी इनर व्हील, सहेली जैसे क्लबों में ज्योतिष विषय पर लेक्चर देते हैं। भाषण समाप्ति पर 'क्वेश्चन-सेशन' में प्रखर बुद्धि सम्पन्न लोग ज्योतिष व मेडिकल साइंस की तुलना करते हुए अकसर पूछते हैं—एक व्यक्ति अपनी जन्मकुण्डली लेकर अलग-अलग ज्योतिषियों के पास जाता है तो सभी लोग अलग-अलग प्रकार की भविष्यवाणियां करते हैं। 2 और 2 चार की तरह कोई भी ज्योतिषी एक समान बात नहीं करता जबकि कुण्डली तो एक ही होती है पर मेडिकल साइंस में ऐसा नहीं होता? इससे शंका होती है कि ज्योतिष साइंस है या नहीं?

मैं कहता हूं ज्योतिष की बात छोड़िए? मेडिकल साइंस को पकड़ लीजिए। मैं आपको स्पष्ट कहता हूं कि मेरे पेट में अमुक प्रकार की बीमारी हैं। रोग का नाम भी आपको स्पष्ट बता देता हूं और दस एम.डी. किए हुए डॉक्टरों के पास पर्ची लेकर जाता हूं तो दस एम.डी. किए डॉक्टर दस प्रकार की दवा लिखेंगे जबकि रोग तो एक ही प्रकार का है। कोई टेबलेट लिखेगा, कोई केप्सूल, कोई इंजेक्शन देगा। इतना ही नहीं, ऐलोपेथी को छोड़कर आयुर्वेद, यूनानी, होमोपैथी, चिकित्सा पद्धतियों में जाएंगे तो सभी बिलकुल अलग-अलग प्रकार की दवा देंगे, रोग का नाम भी अलग-अलग प्रकार का बताएंगे। फिर भी सभी प्रकार की दवाओं से व्यक्ति को आराम मिलता है। कोई भी चिकित्सा पद्धति एकदम गलत नहीं है। कहने का तात्पर्य है—चिकित्सा पद्धति की तरह ज्योतिष में भी भिन्न-भिन्न ऋषियों की भिन्न-भिन्न शिक्षा प्रणाली है।

जिस प्रकार कइ बार एक ही चिकित्सा-पद्धति (ऐलोपैथी) के डॉक्टर एक ही प्रकार के रोग के अलग-अलग प्रकार की दवाइयां लिख देने के कारण, उस रोग के संबंध में अनेक अलग-अलग प्रकार के अनुभव हैं। यही सिद्धांत ज्योतिष पर भी लागू होता है। ज्योतिष गणित के साथ-साथ अनुभवगम्य शास्त्र भी है। हर **ज्योतिषी का ज्ञान एवं अनुभव अलग-अलग प्रकार का होता है। इसलिए उनकी भविष्यवाणियां भी अलग-अलग प्रकार की होती हैं।** ज्योतिष और रोग के बारे में मेरी दो पुस्तकें **(1) ज्योतिष और आयुष्य योग (2) ज्योतिष और रोग-विचार** पाठकों के लिए विशेष उपयोगी साबित होंगी। यहां पर इतनी चर्चा ही बहुत है।

प्र. 201 : मौसम विज्ञान व ज्योतिष शास्त्र की तुलना संभव है?

उत्तर : मौसम विज्ञान जिसे (Meterology-Science) कहते हैं। मेडिकल साइंस की तरह ही ज्योतिष के सामने अत्यधिक बौना है। मौसम विज्ञान को लेकर भारत एवं विदेशों में प्रतिवर्ष करोड़ों व अरबों रुपये खर्च होते हैं। किन्तु परिणाम वहीं शून्य। मौसम विज्ञान में कुछ भी निश्चित नहीं होता। मौसम विज्ञान की मजबूरी है कि वो आकाश में स्थित 'आर्द्रता-मापी' यंत्र की सहायता से तीन दिन पहले एवं तीन दिन पश्चात् की कुछ भविष्यवाणी नहीं कर सकता है। अगले वर्ष अकाल पड़ेगा या बाढ़ आएगी, ऐसा कुछ भी नहीं बता सकता।

जबकि ज्योतिष शास्त्र में सब कुछ निश्चित है—अमुक वर्ष अकाल पड़ेगा, अमुक वर्ष बाढ़ आएगी। अमुक नक्षत्र में वर्षा होगी। अमुक नक्षत्र में सूखा पड़ेगा। अमुक समय पर सूर्य ग्रहण होगा, अमुक समय पर चंद्र ग्रहणा, अमुक समय पर अगस्तोदय होने के बाद वर्षा एवं फसलें नहीं होगी। शकुन एवं प्राकृतिक प्रकोप, इन्द्रधनुष, मेघों, व वायु प्रवाह को लेकर ईसा की तीसरी शताब्दी पूर्व जो कार्य वराहमिहिर ने किया वो आज तक अक्षुण्ण है। घाघ-भड्डरी की कहावतें, वर्षा व फसलों के बारें में जो सटीक भविष्यवाणी कर सकता है उतनी भविष्यवाणी एक अति बुद्धिशाली वैज्ञानिक, शुष्कता व आर्द्रतामापी यंत्रों के द्वारा नहीं कर सकता। जबकि दुर्भाग्य यह है कि चंद्र-तिथियों,

नक्षत्रों व वर्षा शकुनों पर आधारित ज्योतिष-साहित्य को विश्वविद्यालयों में नहीं पढ़ाया जाता। ज्योतिष शोध पर भारत सरकार एक फूटी कौड़ी नहीं खर्च करती। पुनः-पुनः निरीक्षित किए गए, गहन अनुसंधानों पर आधारित कार्यकारण संबंधों पर भारतीय ऋषियों के ज्ञान को भारत में कहीं भी मान्यता नहीं? देश को ''सेक्युलर राजनीति'' से ही फुर्सत नहीं है।

विदेशों में इन चन्द्र-तिथियों व नक्षत्रों के आधार पर अमेरिकन नौटिकल पंचांग निकलता है। जिसमें बताया जाता है कि अमुक नक्षत्र में चने की खेती करो, अमुक नक्षत्र में मटर की खेती करने से अमुक-अमुक विटामिनों से युक्त होकर पुष्ट फसल की प्राप्ति होगी। वस्तुतः **''ऋषियों रिसर्च कर्तार''** जो निरन्तर सत्य व ज्ञान की खोज में लगे हुए हैं वे भद्र वैज्ञानिक **'ऋषि'** कहलाते हैं। परन्तु हम अपने ऋषियों के प्रति शंकालु दृष्टिकोण रखते हैं तथा पाश्चात्य संस्कृति व सभ्यता के अंधानुकरण में हमारे बहुमूल्य ज्ञान धरोहर की उपेक्षा करते हैं। एक डिग्रीधारी कृषि वैज्ञानिक को यह मालूम नहीं होता कि अमुक प्रकार का बीज कब व कैसे बोना चाहिए? उसे यह भी नहीं मालूम होता कि हल में कौन-सी लकड़ी लगती है? जब कि गांव के एक अनपढ़ किसान के पास परम्परागत व्यावहारिक एवं सच्चा ज्ञान होता है। सच्चे ज्योतिष ज्ञान की व्यावहारिकता सफलता, असफलता कृषि व मौसम वैज्ञानिकों का भण्डाफोड़ करती है फिर भी सरकार की आंखें नहीं खुलती।

प्र. 202: ऐस्ट्रोनॉमर एवं ऐस्ट्रोलॉजर में क्या अंतर है?

उत्तर : अंग्रेजी में ऐस्ट्रोनॉमर (Astronomer) शब्द उस व्यक्ति के लिए प्रयुक्त होता है जो खगोल विद्या में निपुण होता है। आकाश-गंगा, ग्रह-नक्षत्र, सितारे, धूमकेतु, वातावरण, वायुमण्डल का अध्ययन करना खगोलशास्त्र का कार्य-क्षेत्र है।

अंग्रेजी में जिसे ऐस्ट्रोलॉजर (Astrologer) कहते हैं, हिन्दी में उसे दैवज्ञ, ज्योतिषी कहते हैं। ऐस्ट्रोलॉजर केवल ग्रह-नक्षत्रों की गणित करता है तथा मानव जीवन पर उसके पड़ने वाले प्रभाव का अध्ययन कार्य-कारण संबंधों के आधार पर करता है। जबकि एक खगोलशास्त्री फलित ज्योतिष की

निंदा करता है तथा ग्रहों-नक्षत्रों के मानव जीवन पर पड़ने वाले प्रभाव को इन्कार करता है। जितना अंतर एक नास्तिक व आस्तिक में होता है, वही अंतर एक खगोलशास्त्री एवं ज्योतिषी में होता है।

दुर्भाग्य यह है कि पाश्चात्य विद्वान् खगोलशास्त्र को विज्ञान की श्रेणी में रखते है तथा ज्योतिष को अवैज्ञानिक मानते हैं। ऐस्ट्रोनोमी (Astronomy) समस्त विश्व में लगभग सभी विश्वविद्यालयों में पढ़ाई जाती है। जबकि ज्योतिष को अंधविश्वास की श्रेणी में रखकर उसका विरोध किया जाता है। ज्योतिष गणना की श्रेष्ठता के कारण ही भारत को कभी विश्वगुरु का दर्जा प्राप्त था। विदेशी लोगों ने सोचे-समझे षड्यंत्र के तहत भारतीय विद्या को नीचा दिखाने के लिए ज्योतिष को अंधविश्वास की श्रेणी में लाकर खड़ा किया ताकि इसके अध्ययन-अध्यापन के रास्ते बंद हो जाएं। अंग्रेजी पुस्तकों एवं ईसाई मशीनरी एवं संचालित पाठ्यक्रमों में जान-बूझकर ऐसे अध्याय (Chapter) डाले गए जिसमें ज्योतिषी के पास जाना, उससे भविष्य जानने की चेष्टा करना अपराध की श्रेणी में लिया गया है। इसलिए मैंने प्रबुद्ध पाठकों को एक ऐस्ट्रोनॉमर व ऐस्ट्रोलॉजर के बीच के अंतर को यहां बताना आवश्यक समझा।

प्र. 203 : आगामी-सात वर्षों में चंद्र, सूर्य ग्रहण कब-कब आयेंगे।

उत्तर :

2004 के ग्रहण

16 अप्रैल, 2004 – सूर्य ग्रहण

31 मई, 2004 – चन्द्र ग्रहण

9 अक्टूबर, 2004 – चन्द्र ग्रहण

28 अक्टूबर, 2004 – चन्द्र ग्रहण

2005 के ग्रहण

8 अप्रैल, 2005 – सूर्य ग्रहण

3 मई, 2005 – सूर्य ग्रहण

17 अक्टूबर, 2005 — चन्द्र ग्रहण

2006 के ग्रहण

29 मार्च, 2006 — चन्द्र ग्रहण

7 सितम्बर, 2006 — चन्द्र ग्रहण

22 सितम्बर, 2006 — सूर्य ग्रहण

2007 के ग्रहण

3 मार्च, 2007 — चन्द्र ग्रहण

19 मार्च, 2007 — सूर्य ग्रहण

28 अगस्त, 2007 — चन्द्र ग्रहण

11 सितम्बर, 2007 — सूर्य ग्रहण

2008 के ग्रहण

7 फ़रवरी, 2008 — सूर्य ग्रहण

21 फरवरी, 2008 — चन्द्र ग्रहण

1 अगस्त, 2008 — सूर्य ग्रहण

16 अगस्त, 2008 — चन्द्र ग्रहण

2009 के ग्रहण

26 जनवरी, 2009 — सूर्य ग्रहण

22 जुलाई, 2009 — सूर्य ग्रहण

31 दिसम्बर, 2009 — चन्द्र ग्रहण

2010 के ग्रहण

15 जनवरी, 2010 — सूर्य ग्रहण

26 जून, 2010 — चन्द्र ग्रहण

11 जुलाई, 2010 — सूर्य ग्रहण

21 दिसम्बर, 2010 — चन्द्र ग्रहण

प्र. 204 : हिन्दू संस्कृति-सभ्यता कितनी प्राचीन है?

उत्तर : हिन्दू संस्कृति उतनी ही प्राचीन है, जितने प्राचीन वेद हैं?

प्र. 205: वेद कितने प्राचीन हैं?

उत्तर : हिन्दू मान्यताओं के अनुसार वेद अपौरषेय है, अनादि है, अनन्त है। सृष्टि के पहले वेद थे। सृष्टि नहीं थी, उसके पहले भी वेद थे।

प्र. 206 : ऐसा कैसे हो सकता है? आखिर किसी न किसी मनुष्य ने तो वेद लिखे ही होंगे! कागज का आविष्कार हुए 400 वर्ष से अधिक नहीं हुए? अतः वेद भी अधिकतम चार-पांच सौ वर्ष पुराने हो सकते हैं?

उत्तर : कागज के आविष्कार होने के पूर्व भोजपत्रों-ताड़पत्रों पर वैदिक मंत्रों की उपलिब्ध प्राप्त होते हैं? अतः आपका यह सोच गलत है।

प्र. 207 : भोजपत्र व ताड़पत्रों पर साहित्य लिखने की परम्परा ईसा से हजार-पन्द्रह सौ वर्ष पूर्व की रही है। अतः वेद भी ईसा से पन्द्रह सौ वर्ष पुरानी कृति रही होगी। प्राचीन मुस्लिम, ईसाई व अंग्रेज इतिहासकार एवं कई वैज्ञानिक भी इस बात को स्वीकार करते हैं?

उत्तर : भोजन-पत्रों व ताड़पत्रों पर मंत्र संकलन करने वाले विद्वानों ने उन ताड़पत्रों पर अपना नाम एवं कृति लिखने की तारीखें भी लिखी हैं जो ईसा से तीन-चार हजार वर्ष पूर्व की है। पर वेद तो उनसे भी पहले विद्यमान था। ऐसे उन्होंने स्वयं लिखा है।

ईसा से हजारों वर्ष पूर्व हुए महर्षि पाराशर ने पाराशर स्मृति के प्रथम अध्याय श्लोक 21 में लिखा है।

न कश्चिद् वेदकर्त्ता च, वेदं स्मृत्या चतुर्मुखः।
तथैव धर्मान् स्मरति, मनुः कल्पान्तरेऽन्तरे।।

अर्थात् कोई मनुष्य वेद का कर्त्ता नहीं है। स्वयं चतुर्मुख ब्रह्मा जी भी वेद के कर्त्ता नहीं हैं क्योंकि ब्रह्माजी स्वयं वेद का स्मरण करके जिस प्रकार वेदों को प्रकाशित करते हैं, इस प्रकार प्रत्येक कल्प की समाप्ति होने पर ब्रह्मा की भांति मनु-धर्मों का स्मरण करते हैं।

हिन्दू धर्म-शास्त्र कहते हैं–

ऋषयो मंत्र दृष्टारः न तु कर्तारः

जितने भी प्राचीन ऋषि भारत में हुए, जिन ऋषियों ने अलग-अलग वेदमंत्रों की खोज की, जिन ऋषियों के नाम वेदमंत्रों के साथ जुड़े हुए हैं, वे सभी प्राचीन ऋषि वेदमंत्रों के रचियता नहीं हैं अपितु मंत्रदृष्टा ऋषि कहलाते हैं क्योंकि वेदमंत्र तो उनके पहले भी मौजूद थे।

वेद श्रुति परम्परा से जीवित रहे। इसलिए वेदों को श्रुति भी कहते हैं।

वेदों की स्थिति कब से है? यह बताना नितान्त मुश्किल है पर निश्चत रूप से तब से है, जब न ईसा थे न मूसा थे। न अंग्रेज थे न अन्य कोई समृद्ध संस्कृति भारत में थी, अतः हमारे ऋषियों के द्वारा रचित ग्रंथों के बारे मुस्लिम, अंग्रेज व ईसाई सभी बाहरी इतिहासकार या वैज्ञानिक किसी प्रकार के प्रमाण देने में न तो सक्षम है, न समर्थ हैं न ही उनके कुतर्क हिन्दू धर्मप्राण जनता को मान्य है।

प्र. 208 : प्रसिद्ध जर्मन विद्वान मैक्समूलर ने वेदों को काल ईसा से 6000 छः हजार वर्ष पुराना माना है। कीथ, बेबर आदि अनेक विद्वानों ने अपने-अपने वैज्ञानिक तर्कों से वेद को अपौरषेय न मानकर ऐतिहासिक तथ्य एवं भौगोलिक प्रमाणों के आधार पर ईसा के छः या आठ हजार वर्ष पुराना सिद्ध किया है? क्या विदेशी विद्वानों के तथ्यात्मक तर्क गलत हैं? यदि गलत है तो किसी आधार पर गलत है?

उत्तर : विदेशी तरीका वेदों में ऐतिहासिक बातें निकाल कर उनकी प्राचीनता सिद्ध करने की कोशिश करता है। उनके मन-मस्तिष्क में अपनी स्वयं की संस्कृति-सभ्यता को प्राचीन बताने की दुर्भावना रहती है। फिर भी देशी-विदेशी सभी इतिहासकार, भूगोलशास्त्री, तथाकथित वैज्ञानिक निर्विवाद रूप से इस तथ्य को एक स्वर से स्वीकार करते हैं। कि **'ऋग्वेद संसार की**

प्राचीनतम पुस्तक हैं' हिन्दू संस्कृति के उपासकों के लिए मौटे तौर पर यही सबसे बड़ी विजय है।

भारतीय तरीका वेदों की अपौरुषेयता को पुष्ट करता हुआ आगे बढ़ता है और उसका आधार ज्योतिषीय गणना, भौगोलिक व ऐतिहासिक पृष्ठभूमि है। जिसका विदेशियों के पास कोई तोड़ नहीं है। भारतीय गणना के अनुसार ब्राह्मण-ग्रंथों के कुछ भाग ईसा के बाईस हजार 22,000 वर्ष पुराने हैं।

लोकमान्य तिलक, पं. उमेश चन्द्र विद्यारत्न, नारायण भवानराम पावणी और अविनाशचन्द्र दास ने प्रकरणान्तर से सिद्ध कर दिया कि वेदों के विषय में पाश्चात्यों का निकाला हुआ समय गलत है–वेद हिमयुग के पूर्व के और लाखों वर्ष पुराने हैं।

वेदों के काल निर्धारण के विषय में लोकमान्य तिलक ने जो परिश्रम किया है वैसा किसी ने भी नहीं किया। मृगशीर्ष नक्षत्र में वसंत सम्पन्न सिद्ध करने के लिए तिलक महोदय ने ऋग्वेद में जितने प्रमाण दिए हैं, उन सबमें नीचे लिखा मंत्र प्रबल पुष्ट प्रमाण है–

सुषुप्वांस ऋभवस्तदपृच्छतागोह्य क इदंनो अबूबुधत्।
श्वानं वस्तो बोधयितारमब्रवीत् सम्वत्सर इदमद्याव्यख्यत॥

–ऋग्वेद 1/16/13

इस मंत्र का अर्थ है कि हे ऋतुओं! तुमने जब पूछा कि हमको इस समय किसने जगाया तब वस्ता–सूर्य ने कहा कि जगाने वाला श्वान है, क्योंकि सम्वत्सर का अंत है। इस पर तिलक महोदय कहते हैं ऋयु नाम ऋतु का है। ये ऋतुएं 12 दिन तक अगोहय सूर्य के घर निद्रा लेती है अर्थात् चंद्रवर्ष और सौर वर्ष का मेल मिलाती है, तब श्वान इसको जगाता है। यह वही श्वान है जो मृगशिरा के पास है। इससे स्पष्ट होता है कि मृगशीर्ष में वसंत सम्पात होता है।

गणित करने पर एक सम्पात की पूर्ण प्रदक्षिणा में 26,000 वर्ष लगते हैं। उपरोक्त स्थिति ईसा से 22,000 वर्ष पूर्व

की बनती है। बंसत सम्पात् की यह स्थिति त्रिकाल में भी मिथ्या नहीं हो सकती। परंतु यह स्थिति प्रत्येक 2200 वर्ष के अंतराल में पुनः उपस्थित हो सकती है। उपरोक्त मंत्र में कौन से वर्ष के बंसत सम्पात् का चित्रण है। यह कहना अत्यन्त कठिन है। अतः यह परिभ्रमण वेदों की स्थिति को ईसा से लाखों वर्ष पूर्व होना प्रमाणित करंती है।

वेदों का काल उतना ही पुराना है, जितना मनुष्य की उत्पत्ति का काल। हिन्दू धर्मशास्त्र के प्रत्येक शुभाशुभ कार्य प्रारंभ करने के पूर्व दैनिक संकल्प बोलने की परिपाटी है। इस संकल्प में मनुष्य उत्पत्ति की काल गणना का रहस्य छिपा है। संकल्प का सारांश इस प्रकार है–**''द्वितीय परार्द्धे वैवस्वत यन्वन्तरे अष्टांविशति कलौ युगे कलि प्रथम चरण 5105 गताब्दे....''**

अर्थात् यह वैक्स्तमन् का अट्ठाईसवां कलिवर्ष है जिसके 5105 वर्ष बीत चुके हैं। ब्रह्मा के एक दिन को कल्प अथवा सृष्टि समय कहते हैं। यह कल्प 14 मन्वन्तरों अथवा एक सहस्र चतुर्युगियों का होता है। अब तक छः मन्वन्तर बीत चुके हैं। एक मन्वन्तर लगभग 71 चतुर्युगियों का होता है। वैवस्वतमनु को 27 27 चतुर्युगी बीत चुके हैं। अट्ठाईसवी में भी (सत, त्रेता और द्वापर) तीन युग बीत चुके हैं। चौथे कलियुग के भी 5105 आज दिनांक 04.04.2004 को बीत चुके हैं। गणित करके देखा जाए तो इस गणना के अनुसार मनुष्य की उत्पत्ति को आज 1,97,29,40105 (एक अरब, संतानवे करोड़, उनतीस लाख, चालीस हजार, एक सौ पांच वर्ष बीत चुके हैं।)

प्र. 209 : कल्प किसे कहते हैं?

उत्तर : 'कल्प' कालमान की एक ईकाई का नाम है। जिसका व्यवहार, महाभारत, भागवत पुराण एवं ज्योतिष के ग्रंथों में हुआ। सूर्य सिद्धांत के कल्प को ब्रह्मा को एक दिन कहा है। 71 चतुर्युगों का एक मन्वन्तर एक चौदह मन्वन्तरों का 'कल्प' कहा गया है। लिंग पुराण के अनुसार एक सहस्र चतुर्युगों का एक कल्प होता है।

प्र. 210 : कलियुग के प्रारम्भ होने का सिद्धान्त क्या है?

उत्तर : सूर्य सिद्धान्त में लिखा है–

''अस्मिन् कृतयुगस्यान्ते सर्वे मध्यगता ग्रहाः।
विनातु पाद मंदोच्चान्मेषादौ तुल्यतामिताः॥

–सूर्य अ. 1/श्लोक 57

कलियुग के प्रारंभ में अथवा प्रतिसृष्टि के आरंभ में सातों ग्रह युति में होते हैं। सतयुग के अंत अर्थात् त्रेता के आदि में पात और मंदोच्च को छोड़कर सब ग्रहों का मध्यस्थान मेषराशि में था।

यूरोप के प्रसिद्ध ज्योतिषी बेली ने गणित करके उक्त घटना की जांच की और निष्कर्ष निकाला की कलियुग का प्रारंभ ईसा व पूर्व 3102 वर्ष पहले 20 फरवरी को 2 बजकर 27 मिनट 30 सेकंड पर हुआ। उस समय समस्त ग्रह एक स्थान पर थे। इसमें आज की तिथि 04.04.2004 जोड़े तो कलियुग के वर्तमान में 5105 वर्ष बीत चुके हैं तथा 5106वां वर्ष चल रहा है। सिद्धांत ज्योतिष के वैज्ञानिक के आगे अन्य सारी गणनाएं निरुत्तरित है।

प्र. 211 : दीपावली कब से मनाई जा रही है?

उत्तर : त्रेतायुग में चैत्र शुक्ल नवमी पुष्प नक्षत्र दिन को ठीक 12 बजे 'कर्क लग्न' में भगवान् श्री राम का जन्म अयोध्या में हुआ। श्री राम का राज्याभिषेक हुआ, चौदह वर्ष के वनवास के पश्चात् लंका जीतकर वापस अयोध्या पधारे तो घर-घर घी के चिराग जलाये गए उस दिन कार्तिक कृष्ण अमावस्या थी।

घनघोर अन्धकारमय रात्रि, घनघोर संघर्ष के बाद सत्य की असत्य पर, न्याय की अन्याय पर, पुण्य की पाप पर, दानव पर मानव का विजय हुई। अतः विजय के प्रतीक के रूप में दीपावली भारत एवं विदेशों में भी नगर-नगर, डगर-डगर मनाई जाने लगी। गणना करने पर इस घटना को आज 21,65,100 इक्कीस लाख, पैसठ हजार, एक सौ वर्ष व्यतीत हो चुके हैं।

इसके बाद आज से 8,69,100 आठ लाख उन्हत्तर हजार एक सौ वर्ष पूर्व द्वापर युग में भगवान श्रीकृष्ण ने सोलह हजार कन्याओं एवं अनेक राजाओं को दुर्दान्त असुर की कैद से मुक्त कराया। उस दिन भी दीपावली थी, जब नेकी ने बदी पर विजय पाई।

आज से 2062 वर्ष पूर्व सम्राट विक्रमादित्य ने तीन लाख शको व हूणों को परास्त कर भारत भूमि को बाहर खदेड़ा। सौभाग्य से वह दीपावली का दिन ही था। फलत: राज्यदेश के तहत दीपावली दुने उत्साह के साथ मनाई जाने लगी।

आज से 2500 वर्ष पूर्व भगवान् महावीर स्वामी का जन्म कार्तिक कृष्ण अमावस्या को ही हुआ था। ऐसा जैन धर्मी मानते हैं।

सिखों के गुरु हरगोविंद सिंह बादशाह जहांगीर के जमाने में कई वर्ष तक ग्वालियर किले में कैद रहें। उन्होंने बादशाह जहांगीर को परचा दिया। बादशाह ने हुक्म दिया–''गुरु हरगोविन्द सिंह को छोड़ दो।'' पर गुरु कहने लगे–''मैं! नहीं जाता जब तक किले में बन्द सभी कैदियों को तुम नहीं छोड़ दो।'' आखिरकार बादशाह झुका, पूरा कैदखाना खाली हो गया। वे जिस दिन अमृतसर पहुंचे उस दिन दीपावली ही थी। महात्मा बुद्ध ने अपने आपको दीपावली से जोड़ा। न केवल धार्मिक अपितु इसलिए दीपावली का दिन बड़ा ऐतिहासिक महत्त्व का दिन है। यह असत् पर सत् की विजय का पर्व है, जिसे बड़े उत्साह एवं जोश के साथ सर्वत्र मनाया जाता है। दीपावली के ऐतिहासिक, धार्मिक एवं आध्यात्मिक मूल्यांकन के अतिरिक्त एक वैज्ञानिक पक्ष भी हैं। आइए हम दीपावली के वैज्ञानिक पक्ष का चिंतन करें।

दीपावली का वैज्ञानिक महत्त्व–उपनिषद कहता है–**'तमसो मा ज्योतिर्गमय'** अंधेरे में प्रकाश की ओर चलो। दीपक 'आशा' का प्रतीक है। दीपक नूतन चेतना एवं नवीन कार्य करने की प्रेरणा देता है। दीपक के प्रकाश में स्वच्छता एवं सत्यता का आभास होता है और भ्रान्त धारणाओं, भयं एवं भ्रम का

निराकरण होता है। भारतीय ऋषि दीपक में अग्निदेवता का आह्वान करते हैं। दीपके में प्राण संचालन एवं चैतन्य शक्ति होती है। भारतीय दर्शन में दीपक पवित्रता का प्रतीक एवं शुभकर्मों का साक्षी माना गया है। इसलिए पूजा कर्म में दीपक जलाने में शुद्ध गोधृत ही काम में लिया जाता है, डालडा नहीं। दीपक के प्रकाश में कभी गंदा, अपवित्र कार्य या पापकर्म नहीं होता, दैत्य-पिशाच, भूत-प्रेत एवं शैतानी शक्ति हमेशा अंधकार के साम्राज्य में पनपती है।

भैरव, देवी, हनुमान इत्यादि क्रूर देवताओं के उपासना में तेल की दीपक उपयोग में लाया जाता है। तेल स्निग्धता का , स्नेह का प्रतीक है। तिल के तेल के दीपक जलाने से जहां पर्यावरण की शुद्धता होती है, वहीं मनुष्यों में परस्पर प्रेम बढ़ता है।

प्र. 212: क्या आधुनिक विज्ञान भगवान श्रीराम की इतनी प्राचीनता को मानता है?

उत्तर : इसके लिए मैं प्रबुद्ध पाठों का ध्यान अभी हाल में भारत एवं विदेशों में हुए वैज्ञानिक सर्वेक्षण की ओर आकर्षित करना चाहता हूं।

रामसेतु के निशान मिले–सेटेलाइट के जरिए दूर संवेदी तकनीक से भारतीय उपमहाद्वीप के जो चित्र मिले हैं उनमें भारत और श्रीलंका के बीच समुद्री भित्ति (रीफ फ्रेस्ट) का ऐसा क्रम स्पष्ट है जो रामायण में वर्णित 'श्रीराम सेतु' के अनुरूप है। यह जानकारी जोधपुर पहुंचे प्रसिद्ध भूगर्भ शास्त्री डॉ. अरुण व्यास ने दी।

दूर संवेदी भूगर्भ शास्त्र की पत्रिका 'जर्नल ऑफ दि इंडियन सोसाइटी ऑफ रिमोट सेंसिंग' के संपादक मंडल के सदस्य डॉ. व्यास ने बताया कि समुद्र तल में उभरे इस रीफ फ्रेस्ट क्रम की खोज स्पेस एप्लीकेश सेंटर अहमदाबाद के मरीन एण्ड वाटर रिसोर्सेज विभाग के शोधकर्ताओं ने की है। सेंटर के अंजली बहुगुणा, शैलेश नायक और बेणीधार देशमुख ने इस बारे में शोधपत्र प्रकाशित किया था। जिसका शीर्षक था 'इंडियन रिमोट सेंसिंग व्यूज द एडम्स ब्रिज'। इस बारे में सेटेलाइट से

प्राप्त चित्रों को हाल ही में पत्रिका ने जारी किया है। वैज्ञानिक शोध के अनुसार मूंगे की चट्टानों का यह क्रम लगभग 17 लाख वर्ष पूर्व बनना शुरू हुआ था। जैसे-जैसे प्रवाल मृत होता है। प्रवाल भित्ति जम कर चट्टानी रूप लेती है।

लाखों साल में धीमें-धीमें इन चट्टानों का सिलसिला समुद्र तल में उभार लेता रहा है। सेटेलाइट चित्रों में एडम सेतु की रेखी प्रकृति दृष्टिगत होती है। इन चित्रों के अध्ययन के आधार पर एडम सेतु करीब 103 छोटी टुकड़ेनुमा भित्तियां (रीपस) के रैखी प्रतिरूप से भित्ति छोर (रीफ क्रेस्ट), प्रवाल बालू (कोरल सेण्ड-सेण्ट केज) और समुद्र तटीय चट्टानों के संचय और इंटरमिटेन्ट गहरे चैनल्स के साथ निर्मित है। 103 छोटी टुकड़ेनुमा भित्तियां (पेच रीफ्स) महाद्वीपीय उपतट (कान्टीनेंटल शेवल्स) में जल के मध्यम गहराई 20 से 40 मीटर पर पाई गई है।

इस सेतु का रैखी प्रतिरूप पुराने तटीय रेखा (शोर लाइन) से प्रवाल भित्ति (कोरल रीफ्स) के प्रकटीकरण को प्रदर्शित करता है। उल्लेखनीय है कि इतने लाख वर्ष पूर्व पृथ्वी पर मौजूदा जीवन क्रम मौजूद नहीं था। वह डायनासोर का युग था। वानर से दो पैरों पर चलने वाले मानव रूप में विकास के वैज्ञानिक प्रमाण लगभग एक लाख वर्ष पूर्व के हैं। प्रस्तर युग की शुरुआत करीब पचास हजार वर्ष पूर्व मानी गई है।

'यह इंडियन माइथोलॉजी का सत्यापन है'–कुछ वैज्ञानिक इसे त्रेता युग का राम द्वारा बनवाया पुल ही मान रहे हैं। 'इसरो' के पूर्व उपनिदेशक तथा जियोसांइस एण्ड रिमोट सेंसिंग सोसायटी (यूएसए) के सदस्य प्रो. ओपीएन कल्ला का कहना है कि इससे इंडियन माइथोलॉजी तथा लोक मानस का दावा साबित हो जाता है। इंटरनेशनल सेंटर फॉर रेडियो साइंस के डायरेक्टर प्रो. कल्ला के अनुसार ब्रिटिश औपनिवेशिक काल में जब अंग्रेजों के जहाज रामेश्वरम् व जाफना के बीच से

गुजरते थे तो उन्हें अड़चन का अहसास होता था मगर वे इसे समुद्री शौवाल भित्ति कहकर इंडियन माइथोलॉजी के 'राम सेतु के दावे से बचते थे। उल्लेखनीय है कि 'डिस्कवरी चैनल' में भी 'एडमसेतु' को नाभा की ओर से फरवरी 2004 में सेटेलाइट चित्रों के माध्यम से बताया गया।

प्र. 213 : वेदांग काल में ज्योतिष की कालगणना के मानदण्ड क्या है?

उत्तर : **कालमान-सूची वेदांग काल**

1. 10 कला = 1 नाड़ी
2. 2 नाड़ी = 1 मुहूर्त
3. 30 मुहूर्त = 1 दिन = 603 कला
4. 50 पल = आढक
5. 4 आढक = द्रोण

(ऋग्ज्योतिष 16-17 भारतीय ज्योतिष, पृ. 110-1)

अथर्वज्योतिष

6. 12 निमेष = 1 लव
7. 30 लव = कला
8. 30 कला = त्रुटि
9. 30 त्रुटि = मुहूर्त
10. 30 मुहूर्त = अहोरात्र (एक दिन-रात)
11. 30 अहोरात्र = मास
12. 6 मास = अयन
13. 2 अयन, 12 मास = 1 वर्ष
14. 5 वर्ष = युग
15. 30 मानव मास = 1 पितृमास
16. 360 मानव मास = 1 पितृसंवत्सर
17. 100 मानववर्ष = 3 1/3

18. पितृवर्ष = 3 1/3 देवमास

19. 360 मानव वर्ष = 1 दिव्य वर्ष

20. 3030 मानववर्ष = 1 सप्तर्षि वर्ष

21. 9090 मानव वर्ष = 1 क्रौचवत्सर

22. कृत = 4800 = 17,2800

23. त्रेता = 3600 = 12,96000

24. द्वापर = 2400 = 96,4000

25. कलि 1200 = 43,2000

ब्रह्मा का दिन जिसमें मनुष्य, देव एवं पितरों के होने का उल्लेख है। ब्रह्मा की आयु दो परार्ध की मानी गयी है जिसके बाद विश्व का लय हो जाता है।

26. 12000 = 43,20000 1 मन्वन्तर = 71 चतुर्युग

27. 71 × 14 मन्वतर = 1 कल्प या

1 कल्प = 1000 चतुर्युग = 432000000 मानव

28. वर्ष या मन्वतर = 306720000

14 मन्वन्तर = 4294080000

29. ब्रह्मा का दिन-रात = 858816000 मानव वर्ष

पर = ब्रह्मा की पूर्णायु

परार्ध = ब्रह्मा की अर्धायु

प्र. 214 : हिन्दू शास्त्रों के अनुसार बड़ा कौन? अग्रपूज्य कौन? पहले किसे प्रणाम करना चाहिए?

उत्तर : हिन्दू शास्त्र में चार वर्ण माने गए हैं। उन चारों वर्णों में अग्रपूज्य का प्रमाण इस प्रकार से दिया गया है।

वयवृद्धंतु शूद्राणाम्, क्षत्रीयाणां बलवृद्धनम्।
धनवृद्धस्तु वैश्यनाम्, ज्ञानवृद्धोस्तु ब्राह्मण।

शुद्र लोगों में जो उम्र में सबसे बड़ा है वह बड़ा है। अर्थात् जब सभा बैठती है जो व्यक्ति आयु में सबसे वृद्ध है वह

प्रथम पूज्य है, बडेर है, उसकी बात उसका निर्णय जाति समाज के सभी लोग मानेंगे। क्षत्रियों में जिसकी पीठ, गद्दी सिंहासन बड़ा है वह बड़ा है अर्थात् गांव का कोई ठाकुर चाहे आयु में सौ वर्ष का है। परन्तु जोधपुर महाराजा यदि बीस-पच्चीस वर्ष में उसके पोते की उम्र के है तो भी ठाकुर उन्हें झुककर प्रणाम करेगा। उसकी आज्ञा को सर्वोपरि स्वीकार करेगा। वैश्ववर्ग में जो धन से बड़ा है वह बड़ा है नौकर चाहे सौ वर्ष का हो चाहे 25 वर्ष का हो नौकर चाहे वैश्य हो, उम्र में ज्ञान में, शक्ति में 25 वर्ष के सेठ से अधिक हो तो भी धन में अधिक वैश्य को सेठ ही कहेगा। उसकी आज्ञा शिरोधार्य होगी। उसी प्रकार ब्राह्मणों में जो ज्ञान में बड़ा होगा वह बड़ा कहलायेगा वही अग्रपूज्य होगा। ब्राह्मण वर्ग में आयु में बड़ा, बल में शक्तिशाली (बड़ा) एवं धन में अत्यधिक धनी (बड़ा) व्यक्ति बड़ा नहीं कहलाता।

मनुस्मृति में भी कहा गया है–

न तेन वृद्धो भवति, येनास्य पलितं शिरं।

यो वै युवाप्यधीयानस्तं देवाः स्थविरं विदुः।।

सिर के बाल सफेद हो जाने से कोई वृद्ध (अग्रपूज्य) नहीं होता। युवा होते हुए भी जो विद्वान है, देवगण भी उसको वृद्ध (अग्रपूज्य) मानते हैं।

अब मान ले अपने अपने वर्णों में श्रेष्ठ एक राजा एक नगर सेठ, एक पहलवान (नेता) और एक तेजस्वी ब्राह्मण एक साथ (एक मंच पर) मिल जाए तो पहले प्रणाम (माल्यार्पण) किसको करना चाहिए? स्पष्ट है कि पहले प्रणाम, स्वागत विद्वान, ब्राह्मण को ही करना चाहिए।

शास्त्र कहते हैं–

अपूज्या यत्र पूज्यते, पूजनीय व्यक्तिक्रमात्।

त्रीणि तत्र पवर्तन्ते, दुर्भिक्षं मरणं भयम्।।''

–शिवपुराण रुद्र सती 35/1

अपूज्य लोगों का आदर न करें तथा पूज्य लोगों का निरादर न करें अथवा अग्रपूज्य। प्रथम वन्दीय व्यक्ति को बाद में किन्तु अल्प आदरयोग्य व्यक्ति का पहले सत्कार कर दिया जाए तो व्यतिक्रम दोष उत्पन्न हो जाएगा। इससे राष्ट्र में दुर्भिक्ष पड़ेगा। अकारण भय उत्पन्न होगा तथा लोग अकाल मृत्यु को प्राप्त होगे।

शिशुपाल वध एवं दक्षयज्ञ का विनाश इसका प्रत्यक्ष प्रमाण है।

आभार प्रदर्शन

1. एस. एम. अलादीन, *महाविश्व* खण्ड 6, 1993-94, पृष्ठ 51-57, हैदराबाद से प्रकाशित *डैक्कन क्रॉनिकल* का 5 फरवरी, 1995 का अंक।
2. आर्यभट्ट-प्रथम, *आर्यभटीय*, इंडियन नेशनल साइंस एकाडेमी, नई दिल्ली 1976, पृष्ठ 109।
3. कमलाकर भट्ट, निर्णय सिंधु, दूसरा संस्करण, निर्णयसागर प्रेस, मुम्बई, 1935, पृष्ठ 61-77।
4. ई. हैडिंघम, *अर्ली मैन एण्ड द कॉसमॉस*, विलियम हैनिमैन लि., लंदन 1983, पृष्ठ 10-24।
5. *मराठी विश्वकोश*, खंड 5, महाराष्ट्र राज्य साहित्य संस्कृति मंडल, मुंबई, 1976, पृष्ठ 383-35।
6. एच मास्पेरी Haastronomie Chinoise avant les Ham, Teungo Peo, XXXI parts, 1920 pp 288-99.
7. ए पैत्रेकोएक, हिस्ट्री ऑफ एस्ट्रोनॉमी, जॉर्ज एलेन एंड अनविन लिमिटेड, लंदन 1961, पृष्ठ 44-47, 87-88।
8. ऋग्वेद संहिता, खंड 1 और 2, हरफ प्रकाशनी, कोलकात्ता, 1976।
9. सलत, द मुस्लिम प्रेयर बुक, इस्लाम इंटरनेशनल पब्लिकेशन लिमिटेड पृष्ठ 66-67।
10. ब्रडले ई शेफर, स्काई एंड टेलिस्कोप, 1994, पृष्ठ 36-39।

11. श्रीमद् वाल्मीकि रामायण खंड 1, पांचवां संस्करण, गीता प्रेस, गोरखपुर संवत् 2040, पृष्ठ 542-43।
12. डब्ल्यू, बेत्रांड, हिन्दू एस्ट्रोनॉमी, केक्सटन पब्लिकेशन, दिल्ली 1988, पृष्ठ 44।
13. एम. के. वैणु बाप्पू, द एक्लिप्स ऑफ द सन, दसवा योगदान, निजामिया एवं जवाल-रंगपुर वेधशालाएं, हैदराबाद, 1979, पृष्ठ 3-4।
14. भागवत पुराण, दूसरा संस्करण, डी.के. पब्लिकेशन एंड डिस्ट्रीब्यूटर्स प्राइवेट लिमिटेड, नई दिल्ली, 1955, पृष्ठ 74-77।
15. कुरान, एन, जे. दाऊद द्वारा संपादित व अनूदित, पेंग्विन क्लासिक्स, 1974, पृष्ठ 23-24।
16. आर.सी. थॉम्पसन, द रिपोर्ट्स ऑफ मेजिसियस एंड एस्ट्रोलॉजर्स ऑफ निनावेह एंड बेबीलोन, ब्रिटिश संग्रहालय, लंदन 1900।
17. काशीनाथ उपाध्याय, धर्मसिंधु, प्रथम संस्करण, चौखवां संस्कृति सीरिज, वाराणसी, 1968, पृष्ठ 61-88।
18. राहु-केतु की खोज, विज्ञान प्रसार, नई दिल्ली।
19. ग्रहण मिथक और यथार्थ, विज्ञान प्रसार, नई दिल्ली।
20. खग्रास सूर्य ग्रहण, विज्ञान प्रसार, नई दिल्ली।
21. स्त्री-धर्म प्रश्नोत्तरी, गीताप्रेस गोरखपुर।

लेखक परिचय

ज्योतिषशास्त्र के उन्नयन में लेखक का योगदान–अंतर्राष्ट्रीय ख्याति प्राप्त वास्तुशास्त्री एवं ज्योतिषाचार्य डॉ. भोजराज द्विवेदी कालजयी समय के अनमोल हस्ताक्षर हैं। इन्टरनेशनल वास्तु एसोसिएशन के संस्थापक डॉ. भोजराज द्विवेदी की यशस्वी लेखनी से रचित ज्योतिष, वास्तुशास्त्र, हस्तरेखा, अंकविद्या, आकृति विज्ञान, यंत्र-तंत्र-मंत्र विज्ञान, कर्मकाण्ड व पौरोहित्य पर लगभग 310 से अधिक पुस्तकें देश-विदेश की अनेक भाषाओं में पढ़ी जाती हैं। फलित ज्योतिष के क्षेत्र में अज्ञातदर्शन (पाक्षिक) एवं श्रीचण्डमार्तण्ड (वार्षिक) के माध्यम से इनकी 3000 से अधिक राष्ट्रीय व अन्तर्राष्ट्रीय महत्त्व की भविष्यवाणियां पूर्व प्रकाशित होकर समय चक्र के साथ-साथ चलकर सत्य प्रमाणित हो चुकी हैं।

4 सितम्बर 1949 को "**कर्क लग्न**" के अन्तर्गत जन्मे डॉ. भोजराज द्विवेदी सन् 1977 से अज्ञातदर्शन (पाक्षिक) एवं श्रीचण्डमार्तण्ड (वार्षिक) का नियमित प्रकाशन व सम्पादन 26 वर्षों से करते चले आ रहे हैं। डॉ. द्विवेदी को अनेक स्वर्णपदक व सैकड़ों मानद उपाधियां विभिन्न नागरिक अभिनंदनों एवं राष्ट्रीय व अंतर्राष्ट्रीय सम्मेलनों के माध्यम से प्राप्त हो चुकी हैं। इनकी संस्था के अन्तर्गत भारतीय प्राच्य विद्याओं पर अनेक अन्तर्राष्ट्रीय व राष्ट्रीय सम्मेलन देश-विदेशों में हो चुके हैं तथा इनके द्वारा ज्योतिषशास्त्र, वास्तुशास्त्र, तंत्र-मंत्र, पौरोहित्य पर अनेक पाठ्यक्रम भी पत्राचार द्वारा चलाए जा रहे हैं। जिनकी शाखाएं देश-विदेश में फैल चुकी हैं तथा इनके द्वारा दीक्षित व शिक्षित हजारों शिष्य इन दिव्य विद्याओं का प्रचार-प्रसार कर रहे हैं। भारतीय प्राच्य विद्याओं के उत्थान में समर्पित भाव से जो काम डॉ. द्विवेदी कर रहे हैं, वह एक साधारण व्यक्ति द्वारा सम्भव नहीं है। वे इक्कीसवीं शताब्दी, के तंत्र-मंत्र, वास्तुशास्त्र व ज्योतिष जगत् के तेजस्वी सूर्य हैं तथा कालजयी समय के अनमोल हस्ताक्षर हैं, जो कि 'युग पुरुष' के रूप में याद किए जाएंगे। इनसे जुड़ना इनकी संस्था का सदस्य बनना आम लोगों के लिए

बहुत बड़े गौरव व सम्मान की बात है। इनके मार्गदर्शन में निम्न विभाग कार्य कर रहे हैं–

1. हस्तरेखा विभाग–सन् 1981 में डॉ. भोजराज द्विवेदी द्वारा **'अंगुष्ठ से भविष्य ज्ञान'** एवं **'पांव तले भविष्य'** नामक दो पुस्तकें प्रकाशित हुईं। सामुद्रिक शास्त्र की दुनिया में इस नए विषय को लेकर हंगामा मच गया। पाठकों ने इन पुस्तकों को सराहा तथा इनके अनेक संस्करण छपे। सन् 1992 में **'ज्योतिष और आकृति'** तथा सन् 1996 में **'हस्तरेखाओं का गहन अध्ययन'** दो भागों में प्रकाशित हुए। अपने 40 वर्षों के सघन अनुसंधान में दो लाख से अधिक हस्तप्रिन्ट के परीक्षण व अध्ययन से अनुभूत प्रस्तुत पुस्तक पर इस विषय पर छठे पुष्प के रूप में पाठकों को समर्पित की है। **'हस्तरेखाओं का रहस्यमय संसार'** नामक यह कृति किसी भारतीय विद्वान द्वारा लिखी गई संसार की श्रेष्ठ एवं बेजोड़ पुस्तकों में सर्वोपरि है। इस पुस्तक की कीर्ति ने जेरमिन, कीरो एवं बेन्हाम जैसे विदेशी विद्वानों को मीलों पीछे छोड़ दिया है।

2. ज्योतिष विभाग–इस विभाग के अंतर्गत विभिन्न कम्प्यूटर लगे हैं जो गणित एवं फलित दोनों प्रकार की जन्मपत्रियों का निर्माण करते हैं। व्यक्ति की जन्म तारीख, जन्म समय एवं जन्म स्थान के माध्यम से जन्मपत्रिका, वर्षफल, विवाहपत्रिका, प्रश्न पत्रिका आदि का निर्माण सूक्ष्मातिसूक्ष्म गणित सूत्रों द्वारा होता है। सही जन्मपत्रिका यदि बनी हुई है तो उस पर विभिन्न प्रकार के फलादेश करवाने की व्यवस्था भी उपलब्ध है। हमारे यहां 'हैण्ड-प्रिण्ट' देखने की सुविधा एवं चेहरा देखकर भविष्य बताने की विद्या का चमत्कार केवल उन्हीं सज्जनों को प्राप्त है, जो हमारी संस्था **'अज्ञातदर्शन सुपर कम्प्यूटर सर्विसेज'** के संस्थापक, संरक्षक या आजीवन सदस्य हैं। **'अज्ञातदर्शन सुपर कम्प्यूटर सर्विसेज'** के सदस्यों, व्यापारियों व उद्योगपतियों को वरीयता के साथ हम नियमित ज्योतिष सेवाएं घर बैठे भेजते हैं। इसके लिए निशुल्क प्रपत्र अलग से प्राप्त करें।

3. वास्तु विभाग–हमने 'इंटरनेशनल वास्तु एसोशिएसन' की स्थापना कर रखी है। हमारे केन्द्र के वास्तुशास्त्रियों द्वारा वास्तु संबंधी विभिन्न त्रुटियों व दोषों का परिहार पूर्ण विधि-विधान से किया जाता है। यदि व्यक्ति नक्शा भेजता है तो उस पर भी विचार-विमर्श करके सही स्थानों को चिह्नित व संशोधित करके नक्शा वापस भेज दिया जाता है। जो सज्जन 'वास्तु विजिट' कराना चाहते हैं उन्हें एडवांस ड्राफ्ट भेजकर समय निश्चित कराना चाहिए।

4. यत्र विभाग–विद्वान ब्राह्मणों की देखरेख में विभिन्न प्रकार के यंत्रों का निर्माण शुभ नक्षत्र, दिन व मुहूर्त में किया जाता है। यंत्र बनने के पश्चात उसमें विधिवत प्राण-प्रतिष्ठा करके ही भेजे जाते हैं। इस बात का पूरा ध्यान रखा जाता है कि सभी यंत्र यजमान द्वारा निर्दिष्ट धातु में सर्वशुद्ध तरीके से बनाए जाते हैं सभी यंत्र लॉकेट में उभरे हुए होते हैं तथा बनने के पश्चात निर्दिष्ट गंतव्य पर रजिस्टर्ड डाक द्वारा भेज दिए जाते हैं। वी. पी. नहीं की जाती। वी.पी. के लिए आधा एडवांस प्राप्त होना अनिवार्य है। कार्यालय द्वारा अभिमंत्रित व सिद्ध यंत्रों का सम्पूर्ण सूची-पत्र अलग से प्रार्थना कर, प्राप्त किया जा सकता है।

5. रत्न विभाग–अनेक जिज्ञासु सज्जनों के विशेष आग्रह पर हमारे यहां विभिन्न रत्नों एवं राशि रत्नों के विक्रय की व्यवस्था की गई है। भाग्यवर्द्धक अंगूठियां एवं लॉकेट भी पूर्ण विधि-विधान के साथ बनाए जाते हैं। एक मुखी रुद्राक्ष, स्फटिक मालाएं, पारद शिवलिंग, हत्था जोड़ी, सभी प्रकार के तंत्र की सामग्री असली होने की गारंटी के साथ दी जाती है। इस हेतु सम्पूर्ण जानकारी हेतु सूची-पत्र अलग से प्राप्त करें।

6. विविध धार्मिक अनुष्ठान संस्थान द्वारा 108 कुण्डीय पवित्र यज्ञ-कुण्डों, दस महाविद्याओं की जागृत 'श्रीपीठ' की स्थापना हो चुकी है। यहां पर विभिन्न प्रकार के दुर्योगों की शांति हेतु, व्यापार-व्यवसाय में रुकावट दूर करने हेतु, दु:ख, क्लेश, भय, रोग से निवारण हेतु प्रेत बाधा एवं शत्रु को नष्ट करने हेतु, राजयोग, पद, प्रतिष्ठा की प्राप्ति हेतु धार्मिक अनुष्ठान, यज्ञ, पूजा-पाठ एवं शांति कराने की सभी सुविधाएं भी उपलब्ध हैं।

7. प्रकाशन विभाग–जो कुछ भी शोध कार्य कार्यालय के विद्वानों द्वारा होता है उसको निरन्तर प्रकाशित किया जाता है। ज्योतिष, आयुर्वेद, वास्तुशास्त्र, हस्तरेखा एवं प्राचीन भारतीय गूढ़ विद्या संबंधी पुस्तकों का प्रकाशन भी विभाग द्वारा किया जाता है। अब तक डॉ. द्विवेदी द्वारा 300 पुस्तकें लिखी जा चुकी हैं। जिसमें से 250 के लगभग प्रकाशित हो चुकी हैं। इसके अतिरिक्त हमारे कार्यालय से दो नियतकालीन प्रकाशन अनवरत रूप से चल रहे हैं।

1. **अज्ञातदर्शन** (पाक्षिक) 1977 से प्रकाशित, 2. **चण्डमार्तण्डपंचांग** एवं कैलेण्डर (वार्षिक) 1987 से नियमित प्रकाशित होते रहे हैं।

8. श्रीविद्या साधक परिवार–प्राय: सम्मोहन, यंत्र-मंत्र-तंत्र विद्या में रुचि रखने वाले अनेक जिज्ञासु सज्जनों, छात्र-छात्राओं के अनेक फोन व

पत्र पूज्य गुरुदेव से मार्गदर्शन प्राप्त करने हेतु, उनसे दीक्षा प्राप्त करने हेतु, मंत्र शिविरों में भाग लेने हेतु आते हैं। ऐसे जिज्ञासु साधकों को सर्वप्रथम 'श्रीविद्या साधक परिवार' का सदस्य बनना होता है। श्रीविद्या साधक परिवार से जुड़ने के बाद ही ऐसे जिज्ञासु सज्जनों को परमपूज्य गुरुदेव का पत्र या स्नेहिल सान्निध्य प्राप्त होता है।

विनम्र निवेदन—बाहर से पधारने वाले जिज्ञासु सज्जनों से विनम्र निवेदन है कि बिना कोई अत्यधिक ठोस कारण के परमपूज्य गुरुदेव से मिलने का दुराग्रह न रखें। सर्वश्री डॉ. भोजराज द्विवेदी से मिलने के लिए टेलीफोन नंबर-2431883, फैक्स 2637359, पर पूर्व समय निश्चित करके ही मिला करें। यह आपकी और कार्यालय दोनों की सुविधा के लिए अत्यन्त जरूरी है।

इंटरनेशनल वास्तु ऐसोशिएशन (रजि.)—डॉ. भोजराज द्विवेदी एवं उनके सहयोगियों ने मिलकर इंटरनेशनल वास्तु ऐसोसिएशन का गठन 14 दिसम्बर 1996 में किया तथा 7 दिसम्बर 1999 को इसे विधिवत रजिस्टर्ड कराया। इस संस्था का मुख्य उद्देश्य भारत एवं भारत के बाहर सुदूर विदेशों में बसे जिज्ञासुओं को भारतीय प्राच्य विद्याओं की सही व सच्ची जानकारी देना तथा पत्राचार पाठ्यक्रम के माध्यम से उन्हें शिक्षित व दीक्षित करते हुए योग्य विद्यार्थियों एवं विद्वानों को प्रमाण पत्र एवं सम्मान पत्र, स्मृति चिह्न देकर सम्मानित करना। इस दिशा में प्रतिवर्ष हमारे यहां से सैकड़ों जिज्ञासु सज्जन शिक्षित होते हैं। अब तक इस संस्था ने भारत व विदेशों में कम से कम 100 सैम्पोजियम, ऑडियो विज्यूल कार्यक्रम, अखिल भारतीय एवं अन्तर्राष्ट्रीय सम्मेलन सफलतापूर्वक आयोजित किए हैं। हमारे संस्थान की शाखाएं भी देश-विदेश में कार्यरत हैं। 50/- रु. का मनीआर्डर भेजकर कोई भी सज्जन ज्योतिष, वास्तुशास्त्र, मंत्र-तंत्र, विद्या, हस्तरेखा इत्यादि में प्रवीणता प्राप्त करने हेतु पत्राचार पाठ्यक्रम पुस्तिका मंगवा सकता है तथा अन्य जिज्ञासु लोगों को शिक्षित करने हेतु अपने शहर में भी अन्तर्राष्ट्रीय वास्तु ऐसोसिएशन की शाखा भी खोल सकता है।

—आचार्य सोमतीर्थ

इन्टरनेशनल वास्तु ऐसोसिएशन (रजि.)
130 ए रोड, अज्ञातदर्शन काम्पलेक्स, मरुदीप अपार्टमेन्ट
दूरभाष—2637359, फैक्स-2431883, मोबाइल—0291-3129105